BRITISH ENGLISH COLLECTION

ENGLISH INDONESIAN

THEME-BASED DICTIONARY

Contains over 5000 commonly used words

Theme-based dictionary British English-Indonesian - 5000 words
British English collection
By Andrey Taranov

T&P Books vocabularies are intended for helping you learn, memorize and review foreign words. The dictionary is divided into themes, covering all major spheres of everyday activities, business, science, culture, etc.

The process of learning words using T&P Books' theme-based dictionaries gives you the following advantages:

- Correctly grouped source information predetermines success at subsequent stages of word memorization
- Availability of words derived from the same root allowing memorization of word units (rather than separate words)
- Small units of words facilitate the process of establishing associative links needed for consolidation of vocabulary
- Level of language knowledge can be estimated by the number of learned words

Copyright © 2016 T&P Books Publishing

All rights reserved No part of this book may be reproduced or utilized in any form or by any means, electronic or mechanical, including photocopying, recording or by information storage and retrieval system, without permission in writing from the publishers.

T&P Books Publishing
www.tpbooks.com

ISBN: 978-1-78616-489-6

This book is also available in E-book formats.
Please visit www.tpbooks.com or the major online bookstores.

INDONESIAN THEME-BASED DICTIONARY
British English collection

T&P Books vocabularies are intended to help you learn, memorize, and review foreign words. The vocabulary contains over 5000 commonly used words arranged thematically.

- Vocabulary contains the most commonly used words
- Recommended as an addition to any language course
- Meets the needs of beginners and advanced learners of foreign languages
- Convenient for daily use, revision sessions, and self-testing activities
- Allows you to assess your vocabulary

Special features of the vocabulary

- Words are organized according to their meaning, not alphabetically
- Words are presented in three columns to facilitate the reviewing and self-testing processes
- Words in groups are divided into small blocks to facilitate the learning process
- The vocabulary offers a convenient and simple transcription of each foreign word

The vocabulary has 155 topics including:

Basic Concepts, Numbers, Colors, Months, Seasons, Units of Measurement, Clothing & Accessories, Food & Nutrition, Restaurant, Family Members, Relatives, Character, Feelings, Emotions, Diseases, City, Town, Sightseeing, Shopping, Money, House, Home, Office, Working in the Office, Import & Export, Marketing, Job Search, Sports, Education, Computer, Internet, Tools, Nature, Countries, Nationalities and more ...

TABLE OF CONTENTS

Pronunciation guide	9
Abbreviations	10
BASIC CONCEPTS	11
Basic concepts. Part 1	11
1. Pronouns	11
2. Greetings. Salutations. Farewells	11
3. How to address	12
4. Cardinal numbers. Part 1	12
5. Cardinal numbers. Part 2	13
6. Ordinal numbers	14
7. Numbers. Fractions	14
8. Numbers. Basic operations	14
9. Numbers. Miscellaneous	14
10. The most important verbs. Part 1	15
11. The most important verbs. Part 2	16
12. The most important verbs. Part 3	17
13. The most important verbs. Part 4	18
14. Colours	19
15. Questions	19
16. Prepositions	20
17. Function words. Adverbs. Part 1	20
18. Function words. Adverbs. Part 2	22
Basic concepts. Part 2	24
19. Weekdays	24
20. Hours. Day and night	24
21. Months. Seasons	25
22. Units of measurement	27
23. Containers	28
HUMAN BEING	29
Human being. The body	29
24. Head	29
25. Human body	30
Clothing & Accessories	31
26. Outerwear. Coats	31
27. Men's & women's clothing	31

28.	Clothing. Underwear	32
29.	Headwear	32
30.	Footwear	32
31.	Personal accessories	33
32.	Clothing. Miscellaneous	33
33.	Personal care. Cosmetics	34
34.	Watches. Clocks	35

Food. Nutricion 36

35.	Food	36
36.	Drinks	37
37.	Vegetables	38
38.	Fruits. Nuts	39
39.	Bread. Sweets	40
40.	Cooked dishes	40
41.	Spices	41
42.	Meals	42
43.	Table setting	43
44.	Restaurant	43

Family, relatives and friends 44

45.	Personal information. Forms	44
46.	Family members. Relatives	44

Medicine 46

47.	Diseases	46
48.	Symptoms. Treatments. Part 1	47
49.	Symptoms. Treatments. Part 2	48
50.	Symptoms. Treatments. Part 3	49
51.	Doctors	50
52.	Medicine. Drugs. Accessories	50

HUMAN HABITAT 52
City 52

53.	City. Life in the city	52
54.	Urban institutions	53
55.	Signs	54
56.	Urban transport	55
57.	Sightseeing	56
58.	Shopping	57
59.	Money	58
60.	Post. Postal service	59

Dwelling. House. Home 60

61.	House. Electricity	60

62.	Villa. Mansion	60
63.	Flat	60
64.	Furniture. Interior	61
65.	Bedding	62
66.	Kitchen	62
67.	Bathroom	63
68.	Household appliances	64

Job. Business. Part 1   65

69.	Office. Working in the office	65
70.	Business processes. Part 1	66
71.	Business processes. Part 2	67
72.	Production. Works	68
73.	Contract. Agreement	69
74.	Import & Export	70
75.	Finances	70
76.	Marketing	71
77.	Advertising	72
78.	Banking	72
79.	Telephone. Phone conversation	73
80.	Mobile telephone	74
81.	Stationery	74
82.	Kinds of business	75

HUMAN ACTIVITIES   77
Job. Business. Part 2   77

83.	Show. Exhibition	77
84.	Science. Research. Scientists	78

Professions and occupations   80

85.	Job search. Dismissal	80
86.	Business people	80
87.	Service professions	81
88.	Military professions and ranks	82
89.	Officials. Priests	83
90.	Agricultural professions	83
91.	Art professions	84
92.	Various professions	84
93.	Occupations. Social status	86

Education   87

94.	School	87
95.	College. University	88
96.	Sciences. Disciplines	89
97.	Writing system. Orthography	89
98.	Foreign languages	90

Rest. Entertainment. Travel 92

99. Trip. Travel 92
100. Hotel 92

Technical equipment 94

101. Computer 94
102. Internet. E-mail 95
103. Electricity 96
104. Tools 96

TECHNICAL EQUIPMENT. TRANSPORT 99
Transport 99

105. Aeroplane 99
106. Train 100
107. Ship 101
108. Airport 102

Life events 104

109. Holidays. Event 104
110. Funerals. Burial 105
111. War. Soldiers 105
112. War. Military actions. Part 1 106
113. War. Military actions. Part 2 108
114. Weapons 109
115. Ancient people 111
116. Middle Ages 111
117. Leader. Chief. Authorities 113
118. Breaking the law. Criminals. Part 1 114
119. Breaking the law. Criminals. Part 2 115
120. Police. Law. Part 1 116
121. Police. Law. Part 2 117

NATURE 119
The Earth. Part 1 119

122. Outer space 119
123. The Earth 120
124. Cardinal directions 121
125. Sea. Ocean 121
126. Seas & Oceans names 122
127. Mountains 123
128. Mountains names 124
129. Rivers 124
130. Rivers names 125
131. Forest 125
132. Natural resources 126

The Earth. Part 2   128

133. Weather   128
134. Severe weather. Natural disasters   129

Fauna   130

135. Mammals. Predators   130
136. Wild animals   130
137. Domestic animals   131
138. Birds   132
139. Fish. Marine animals   134
140. Amphibians. Reptiles   134
141. Insects   135

Flora   136

142. Trees   136
143. Shrubs   136
144. Fruits. Berries   137
145. Flowers. Plants   138
146. Cereals, grains   139

COUNTRIES. NATIONALITIES   140

147. Western Europe   140
148. Central and Eastern Europe   140
149. Former USSR countries   141
150. Asia   141
151. North America   142
152. Central and South America   142
153. Africa   142
154. Australia. Oceania   143
155. Cities   143

PRONUNCIATION GUIDE

Letter	Indonesian example	T&P phonetic alphabet	English example
Aa	zaman	[a]	shorter than in ask
Bb	besar	[b]	baby, book
Cc	kecil, cepat	[tʃ]	church, French
Dd	dugaan	[d]	day, doctor
Ee	segera, mencium	[e], [ə]	medal, elm
Ff	berfungsi	[f]	face, food
Gg	juga, lagi	[g]	game, gold
Hh	hanya, bahwa	[h]	home, have
Ii	izin, sebagai ganti	[i], [j]	Peter, yard
Jj	setuju, ijin	[dʒ]	jeans, gin
Kk	kemudian, tidak	[k], [ʔ]	kiss, glottal stop
Ll	dilarang	[l]	lace, people
Mm	melihat	[m]	magic, milk
Nn	berenang	[n], [ŋ]	name, ring
Oo	toko roti	[oː]	fall, bomb
Pp	peribahasa	[p]	pencil, private
Qq	Aquarius	[k]	clock, kiss
Rr	ratu, riang	[r]	trilled [r]
Ss	sendok, syarat	[s], [ʃ]	city, machine
Tt	tamu, adat	[t]	tourist, trip
Uu	ambulans	[u]	book
Vv	renovasi	[v]	very, river
Ww	pariwisata	[w]	vase, winter
Xx	boxer	[kʒ]	box, taxi
Yy	banyak, syarat	[j]	yes, New York
Zz	zamrud	[z]	zebra, please

Combinations of letters

aa	maaf	[aʔa]	a+glottal stop
kh	khawatir	[h]	home, have
th	Gereja Lutheran	[t]	tourist, trip
-k	tidak	[ʔ]	glottal stop

ABBREVIATIONS
used in the dictionary

English abbreviations

ab.	-	about
adj	-	adjective
adv	-	adverb
anim.	-	animate
as adj	-	attributive noun used as adjective
e.g.	-	for example
etc.	-	et cetera
fam.	-	familiar
fem.	-	feminine
form.	-	formal
inanim.	-	inanimate
masc.	-	masculine
math	-	mathematics
mil.	-	military
n	-	noun
pl	-	plural
pron.	-	pronoun
sb	-	somebody
sing.	-	singular
sth	-	something
v aux	-	auxiliary verb
vi	-	intransitive verb
vi, vt	-	intransitive, transitive verb
vt	-	transitive verb

BASIC CONCEPTS

Basic concepts. Part 1

1. Pronouns

I, me	saya, aku	[saja], [aku]
you	engkau, kamu	[eŋkau], [kamu]
he, she, it	beliau, dia, ia	[beliau], [dia], [ia]
we	kami, kita	[kami], [kita]
you (to a group)	kalian	[kalian]
you (polite, sing.)	Anda	[anda]
you (polite, pl)	Anda sekalian	[anda sekalian]
they	mereka	[mereka]

2. Greetings. Salutations. Farewells

Hello! (fam.)	Halo!	[halo!]
Hello! (form.)	Halo!	[halo!]
Good morning!	Selamat pagi!	[slamat pagi!]
Good afternoon!	Selamat siang!	[slamat siaŋ!]
Good evening!	Selamat sore!	[slamat sore!]
to say hello	menyapa	[mənjapa]
Hi! (hello)	Hai!	[hey!]
greeting (n)	sambutan, salam	[sambutan], [salam]
to greet (vt)	menyambut	[mənjambut]
How are you?	Apa kabar?	[apa kabar?]
What's new?	Apa yang baru?	[apa yaŋ baru?]
Goodbye! (form.)	Selamat tinggal!	[slamat tiŋgal!],
	Selamat jalan!	[slamat dʒˈalan!]
Bye! (fam.)	Dadah!	[dadah!]
See you soon!	Sampai bertemu lagi!	[sampaj bərtemu lagi!]
Farewell! (to a friend)	Sampai jumpa!	[sampaj dʒumpa!]
Farewell! (form.)	Selamat tinggal!	[slamat tiŋgal!]
to say goodbye	berpamitan	[bərpamitan]
Cheers!	Sampai nanti!	[sampaj nanti!]
Thank you! Cheers!	Terima kasih!	[tərima kasih!]
Thank you very much!	Terima kasih banyak!	[tərima kasih banjaʔ!]
My pleasure!	Kembali! Sama-sama!	[kembali!], [sama-sama!]
Don't mention it!	Kembali!	[kembali!]
It was nothing	Kembali!	[kembali!]
Excuse me! (apology)	Maaf, …	[maʔaf, …]
to excuse (forgive)	memaafkan	[memaʔafkan]

to apologize (vi)	meminta maaf	[meminta ma'af]
My apologies	Maafkan saya	[ma'afkan saja]
I'm sorry!	Maaf!	[ma'af!]
to forgive (vt)	memaafkan	[mema'afkan]
It's okay! (that's all right)	Tidak apa-apa!	[tida' apa-apa!]
please (adv)	tolong	[toloŋ]

Don't forget!	Jangan lupa!	[dʒʲaŋan lupa!]
Certainly!	Tentu!	[tentu!]
Of course not!	Tentu tidak!	[tentu tida'!]
Okay! (I agree)	Baiklah! Baik!	[bajklah!], [baj'!]
That's enough!	Cukuplah!	[tʃukuplah!]

3. How to address

Excuse me, ...	Maaf, ...	[ma'af, ...]
mister, sir	tuan	[tuan]
madam	nyonya	[nenja]
miss	nona	[nona]
young man	nak	[na']
young man (little boy)	nak, bocah	[nak], [botʃah]
miss (little girl)	nak	[na']

4. Cardinal numbers. Part 1

0 zero	nol	[nol]
1 one	satu	[satu]
2 two	dua	[dua]
3 three	tiga	[tiga]
4 four	empat	[empat]

5 five	lima	[lima]
6 six	enam	[enam]
7 seven	tujuh	[tudʒʲuh]
8 eight	delapan	[delapan]
9 nine	sembilan	[sembilan]

10 ten	sepuluh	[sepuluh]
11 eleven	sebelas	[sebelas]
12 twelve	dua belas	[dua belas]
13 thirteen	tiga belas	[tiga belas]
14 fourteen	empat belas	[empat belas]

15 fifteen	lima belas	[lima belas]
16 sixteen	enam belas	[enam belas]
17 seventeen	tujuh belas	[tudʒʲuh belas]
18 eighteen	delapan belas	[delapan belas]
19 nineteen	sembilan belas	[sembilan belas]

20 twenty	dua puluh	[dua puluh]
21 twenty-one	dua puluh satu	[dua puluh satu]
22 twenty-two	dua puluh dua	[dua puluh dua]

23 twenty-three	**dua puluh tiga**	[dua puluh tiga]
30 thirty	**tiga puluh**	[tiga puluh]
31 thirty-one	**tiga puluh satu**	[tiga puluh satu]
32 thirty-two	**tiga puluh dua**	[tiga puluh dua]
33 thirty-three	**tiga puluh tiga**	[tiga puluh tiga]
40 forty	**empat puluh**	[empat puluh]
41 forty-one	**empat puluh satu**	[empat puluh satu]
42 forty-two	**empat puluh dua**	[empat puluh dua]
43 forty-three	**empat puluh tiga**	[empat puluh tiga]
50 fifty	**lima puluh**	[lima puluh]
51 fifty-one	**lima puluh satu**	[lima puluh satu]
52 fifty-two	**lima puluh dua**	[lima puluh dua]
53 fifty-three	**lima puluh tiga**	[lima puluh tiga]
60 sixty	**enam puluh**	[enam puluh]
61 sixty-one	**enam puluh satu**	[enam puluh satu]
62 sixty-two	**enam puluh dua**	[enam puluh dua]
63 sixty-three	**enam puluh tiga**	[enam puluh tiga]
70 seventy	**tujuh puluh**	[tudʒʲuh puluh]
71 seventy-one	**tujuh puluh satu**	[tudʒʲuh puluh satu]
72 seventy-two	**tujuh puluh dua**	[tudʒʲuh puluh dua]
73 seventy-three	**tujuh puluh tiga**	[tudʒʲuh puluh tiga]
80 eighty	**delapan puluh**	[delapan puluh]
81 eighty-one	**delapan puluh satu**	[delapan puluh satu]
82 eighty-two	**delapan puluh dua**	[delapan puluh dua]
83 eighty-three	**delapan puluh tiga**	[delapan puluh tiga]
90 ninety	**sembilan puluh**	[sembilan puluh]
91 ninety-one	**sembulan puluh satu**	[sembulan puluh satu]
92 ninety-two	**sembilan puluh dua**	[sembilan puluh dua]
93 ninety-three	**sembilan puluh tiga**	[sembilan puluh tiga]

5. Cardinal numbers. Part 2

100 one hundred	**seratus**	[seratus]
200 two hundred	**dua ratus**	[dua ratus]
300 three hundred	**tiga ratus**	[tiga ratus]
400 four hundred	**empat ratus**	[empat ratus]
500 five hundred	**lima ratus**	[lima ratus]
600 six hundred	**enam ratus**	[enam ratus]
700 seven hundred	**tujuh ratus**	[tudʒʲuh ratus]
800 eight hundred	**delapan ratus**	[delapan ratus]
900 nine hundred	**sembilan ratus**	[sembilan ratus]
1000 one thousand	**seribu**	[seribu]
2000 two thousand	**dua ribu**	[dua ribu]
3000 three thousand	**tiga ribu**	[tiga ribu]
10000 ten thousand	**sepuluh ribu**	[sepuluh ribu]
one hundred thousand	**seratus ribu**	[seratus ribu]

| million | **juta** | [dʒʲuta] |
| billion | **miliar** | [miliar] |

6. Ordinal numbers

first (adj)	**pertama**	[pərtama]
second (adj)	**kedua**	[kedua]
third (adj)	**ketiga**	[ketiga]
fourth (adj)	**keempat**	[keempat]
fifth (adj)	**kelima**	[kelima]
sixth (adj)	**keenam**	[keenam]
seventh (adj)	**ketujuh**	[ketudʒʲuh]
eighth (adj)	**kedelapan**	[kedelapan]
ninth (adj)	**kesembilan**	[kesembilan]
tenth (adj)	**kesepuluh**	[kesepuluh]

7. Numbers. Fractions

fraction	**pecahan**	[petʃahan]
one half	**seperdua**	[seperdua]
one third	**sepertiga**	[sepertiga]
one quarter	**seperempat**	[seperempat]
one eighth	**seperdelapan**	[seperdelapan]
one tenth	**sepersepuluh**	[sepersepuluh]
two thirds	**dua pertiga**	[dua pərtiga]
three quarters	**tiga perempat**	[tiga pərempat]

8. Numbers. Basic operations

subtraction	**pengurangan**	[peŋuraŋan]
to subtract (vi, vt)	**mengurangkan**	[məŋuraŋkan]
division	**pembagian**	[pembagian]
to divide (vt)	**membagi**	[membagi]
addition	**penambahan**	[penambahan]
to add up (vt)	**menambahkan**	[mənambahkan]
to add (vi)	**menambahkan**	[mənambahkan]
multiplication	**pengalian**	[peŋalian]
to multiply (vt)	**mengalikan**	[məŋalikan]

9. Numbers. Miscellaneous

digit, figure	**angka**	[aŋka]
number	**nomor**	[nomor]
numeral	**kata bilangan**	[kata bilaŋan]
minus sign	**minus**	[minus]

plus sign	plus	[plus]
formula	rumus	[rumus]
calculation	perhitungan	[pərhituŋan]
to count (vi, vt)	menghitung	[məŋhituŋ]
to count up	menghitung	[məŋhituŋ]
to compare (vt)	membandingkan	[membandiŋkan]
How much?	Berapa?	[bərapa?]
sum, total	jumlah	[dʒ'umlah]
result	hasil	[hasil]
remainder	sisa, baki	[sisa], [baki]
a few (e.g., ~ years ago)	beberapa	[beberapa]
little (I had ~ time)	sedikit	[sedikit]
the rest	selebihnya, sisanya	[selebihnja], [sisanja]
one and a half	satu setengah	[satu seteŋah]
dozen	lusin	[lusin]
in half (adv)	dua bagian	[dua bagian]
equally (evenly)	rata	[rata]
half	setengah	[seteŋah]
time (three ~s)	kali	[kali]

10. The most important verbs. Part 1

to advise (vt)	menasihati	[mənasihati]
to agree (say yes)	setuju	[setudʒ'u]
to answer (vi, vt)	menjawab	[məndʒ'awab]
to apologize (vi)	meminta maaf	[meminta ma'af]
to arrive (vi)	datang	[dataŋ]
to ask (~ oneself)	bertanya	[bərtanja]
to ask (~ sb to do sth)	meminta	[meminta]
to be (~ a teacher)	ialah, adalah	[ialah], [adalah]
to be (~ on a diet)	sedang	[sedaŋ]
to be afraid	takut	[takut]
to be hungry	lapar	[lapar]
to be interested in ...	menaruh minat pada ...	[mənaruh minat pada ...]
to be needed	dibutuhkan	[dibutuhkan]
to be surprised	heran	[heran]
to be thirsty	haus	[haus]
to begin (vt)	memulai, membuka	[memulaj], [membuka]
to belong to ...	kepunyaan ...	[kepunja'an ...]
to boast (vi)	membual	[membual]
to break (split into pieces)	memecahkan	[memetʃahkan]
to call (~ for help)	memanggil	[memaŋgil]
can (v aux)	bisa	[bisa]
to catch (vt)	menangkap	[mənaŋkap]
to change (vt)	mengubah	[məŋubah]
to choose (select)	memilih	[memilih]

to come down (the stairs)	turun	[turun]
to compare (vt)	membandingkan	[membandiŋkan]
to complain (vi, vt)	mengeluh	[məŋeluh]
to confuse (mix up)	bingung membedakan	[biŋuŋ membedakan]
to continue (vt)	meneruskan	[məneruskan]
to control (vt)	mengontrol	[məŋontrol]
to cook (dinner)	memasak	[memasaʔ]
to cost (vt)	berharga	[bərharga]
to count (add up)	menghitung	[məŋhituŋ]
to count on ...	mengharapkan ...	[məŋharapkan ...]
to create (vt)	menciptakan	[mənʧiptakan]
to cry (weep)	menangis	[menaŋis]

11. The most important verbs. Part 2

to deceive (vi, vt)	menipu	[mənipu]
to decorate (tree, street)	menghiasi	[məŋhiasi]
to defend (a country, etc.)	membela	[membela]
to demand (request firmly)	menuntut	[mənuntut]
to dig (vt)	menggali	[məŋgali]
to discuss (vt)	membicarakan	[membiʧarakan]
to do (vt)	membuat	[membuat]
to doubt (have doubts)	ragu-ragu	[ragu-ragu]
to drop (let fall)	tercecer	[tərʧeʧer]
to enter (room, house, etc.)	masuk, memasuki	[masuk], [memasuki]
to excuse (forgive)	memaafkan	[memaʔafkan]
to exist (vi)	ada	[ada]
to expect (foresee)	menduga	[mənduga]
to explain (vt)	menjelaskan	[mənʤˈelaskan]
to fall (vi)	jatuh	[ʤˈatuh]
to fancy (vt)	suka	[suka]
to find (vt)	menemukan	[mənemukan]
to finish (vt)	mengakhiri	[məŋahiri]
to fly (vi)	terbang	[tərbaŋ]
to follow ... (come after)	mengikuti ...	[məŋikuti ...]
to forget (vi, vt)	melupakan	[melupakan]
to forgive (vt)	memaafkan	[memaʔafkan]
to give (vt)	memberi	[memberi]
to give a hint	memberi petunjuk	[memberi petunʤˈuʔ]
to go (on foot)	berjalan	[bərʤˈalan]
to go for a swim	berenang	[bərenaŋ]
to go out (for dinner, etc.)	keluar	[keluar]
to guess (the answer)	menerka	[mənerka]
to have (vt)	mempunyai	[mempunjaj]
to have breakfast	sarapan	[sarapan]
to have dinner	makan malam	[makan malam]
to have lunch	makan siang	[makan siaŋ]

to hear (vt)	mendengar	[məndeŋar]
to help (vt)	membantu	[membantu]
to hide (vt)	menyembunyikan	[mənjembunjikan]
to hope (vi, vt)	berharap	[bərharap]
to hunt (vi, vt)	berburu	[bərburu]
to hurry (vi)	tergesa-gesa	[tərgesa-gesa]

12. The most important verbs. Part 3

to inform (vt)	menginformasikan	[məninformasikan]
to insist (vi, vt)	mendesak	[məndesaʔ]
to insult (vt)	menghina	[məŋhina]
to invite (vt)	mengundang	[məŋundaŋ]
to joke (vi)	bergurau	[bərgurau]

to keep (vt)	menyimpan	[mənjimpan]
to keep silent	diam	[diam]
to kill (vt)	membunuh	[membunuh]
to know (sb)	kenal	[kenal]
to know (sth)	tahu	[tahu]
to laugh (vi)	tertawa	[tərtawa]

to liberate (city, etc.)	membebaskan	[membebaskan]
to look for ... (search)	mencari ...	[məntʃari ...]
to love (sb)	mencintai	[məntʃintaj]
to make a mistake	salah	[salah]
to manage, to run	memimpin	[memimpin]

to mean (signify)	berarti	[bərarti]
to mention (talk about)	menyebut	[mənjebut]
to miss (school, etc.)	absen	[absen]
to notice (see)	memperhatikan	[memperhatikan]
to object (vi, vt)	keberatan	[keberatan]

to observe (see)	mengamati	[məŋamati]
to open (vt)	membuka	[membuka]
to order (meal, etc.)	memesan	[memesan]

| to order (mil.) | memerintahkan | [memerintahkan] |
| to own (possess) | memiliki | [memiliki] |

to participate (vi)	turut serta	[turut serta]
to pay (vi, vt)	membayar	[membajar]
to permit (vt)	mengizinkan	[məŋizinkan]

| to plan (vt) | merencanakan | [merentʃanakan] |
| to play (children) | bermain | [bərmajn] |

to pray (vi, vt)	bersembahyang, berdoa	[bərsembahjaŋ], [berdoa]
to prefer (vt)	lebih suka	[lebih suka]
to promise (vt)	berjanji	[bərdʒiandʒi]
to pronounce (vt)	melafalkan	[melafalkan]
to propose (vt)	mengusulkan	[məŋusulkan]
to punish (vt)	menghukum	[məŋhukum]

13. The most important verbs. Part 4

to read (vi, vt)	membaca	[membatʃa]
to recommend (vt)	merekomendasi	[merekomendasi]
to refuse (vi, vt)	menolak	[mənolaʔ]
to regret (be sorry)	menyesal	[mənjesal]
to rent (sth from sb)	menyewa	[mənjewa]
to repeat (say again)	mengulangi	[məŋulaŋi]
to reserve, to book	memesan	[memesan]
to run (vi)	lari	[lari]
to save (rescue)	menyelamatkan	[mənjelamatkan]
to say (~ thank you)	berkata	[bərkata]
to scold (vt)	memarahi, menegur	[memarahi], [menegur]
to see (vt)	melihat	[melihat]
to sell (vt)	menjual	[məndʒʲual]
to send (vt)	mengirim	[məŋirim]
to shoot (vi)	menembak	[mənembaʔ]
to shout (vi)	berteriak	[bərteriaʔ]
to show (vt)	menunjukkan	[mənundʒʲuʔkan]
to sign (document)	menandatangani	[mənandataŋani]
to sit down (vi)	duduk	[duduʔ]
to smile (vi)	tersenyum	[tərsenyum]
to speak (vi, vt)	berbicara	[bərbitʃara]
to steal (money, etc.)	mencuri	[məntʃuri]
to stop (for pause, etc.)	berhenti	[bərhenti]
to stop (please ~ calling me)	menghentikan	[məŋhentikan]
to study (vt)	mempelajari	[mempeladʒʲari]
to swim (vi)	berenang	[bərenaŋ]
to take (vt)	mengambil	[məŋambil]
to think (vi, vt)	berpikir	[bərpikir]
to threaten (vt)	mengancam	[mənantʃam]
to touch (with hands)	menyentuh	[mənjentuh]
to translate (vt)	menerjemahkan	[mənerdʒʲemahkan]
to trust (vt)	mempercayai	[mempertʃajaj]
to try (attempt)	mencoba	[məntʃoba]
to turn (e.g., ~ left)	membelok	[membeloʔ]
to underestimate (vt)	meremehkan	[meremehkan]
to understand (vt)	mengerti	[məŋerti]
to unite (vt)	menyatukan	[mənjatukan]
to wait (vt)	menunggu	[mənuŋgu]
to want (wish, desire)	mau, ingin	[mau], [iŋin]
to warn (vt)	memperingatkan	[memperiŋatkan]
to work (vi)	bekerja	[bekerdʒʲa]
to write (vt)	menulis	[mənulis]
to write down	mencatat	[məntʃatat]

14. Colours

colour	warna	[warna]
shade (tint)	nuansa	[nuansa]
hue	warna	[warna]
rainbow	pelangi	[pelaŋi]
white (adj)	putih	[putih]
black (adj)	hitam	[hitam]
grey (adj)	kelabu	[kelabu]
green (adj)	hijau	[hidʒ¦au]
yellow (adj)	kuning	[kuniŋ]
red (adj)	merah	[merah]
blue (adj)	biru	[biru]
light blue (adj)	biru muda	[biru muda]
pink (adj)	pink	[pinʔ]
orange (adj)	oranye, jingga	[oranje], [dʒiŋga]
violet (adj)	violet, ungu muda	[violet], [uŋu muda]
brown (adj)	cokelat	[tʃokelat]
golden (adj)	keemasan	[keemasan]
silvery (adj)	keperakan	[keperakan]
beige (adj)	abu-abu kecokelatan	[abu-abu ketʃokelatan]
cream (adj)	krem	[krem]
turquoise (adj)	pirus	[pirus]
cherry red (adj)	merah tua	[merah tua]
lilac (adj)	ungu	[uŋu]
crimson (adj)	merah lembayung	[merah lembajuŋ]
light (adj)	terang	[teraŋ]
dark (adj)	gelap	[gelap]
bright, vivid (adj)	terang	[teraŋ]
coloured (pencils)	berwarna	[bərwarna]
colour (e.g. ~ film)	warna	[warna]
black-and-white (adj)	hitam-putih	[hitam-putih]
plain (one-coloured)	polos, satu warna	[polos], [satu warna]
multicoloured (adj)	berwarna-warni	[bərwarna-warni]

15. Questions

Who?	Siapa?	[siapa?]
What?	Apa?	[apa?]
Where? (at, in)	Di mana?	[di mana?]
Where (to)?	Ke mana?	[ke mana?]
From where?	Dari mana?	[dari mana?]
When?	Kapan?	[kapan?]
Why? (What for?)	Mengapa?	[məŋapa?]
Why? (~ are you crying?)	Mengapa?	[məŋapa?]
What for?	Untuk apa?	[untuʔ apa?]

How? (in what way)	Bagaimana?	[bagajmana?]
What? (What kind of ...?)	Apa? Yang mana?	[apa?], [yaŋ mana?]
Which?	Yang mana?	[yaŋ mana?]
To whom?	Kepada siapa?	[kepada siapa?],
	Untuk siapa?	[untuʔ siapa?]
About whom?	Tentang siapa?	[tentaŋ siapa?]
About what?	Tentang apa?	[tentaŋ apa?]
With whom?	Dengan siapa?	[deŋan siapa?]
How many? How much?	Berapa?	[bərapa?]
Whose?	Milik siapa?	[miliʔ siapa?]

16. Prepositions

with (accompanied by)	dengan	[deŋan]
without	tanpa	[tanpa]
to (indicating direction)	ke	[ke]
about (talking ~ ...)	tentang ...	[tentaŋ ...]
before (in time)	sebelum	[sebelum]
in front of ...	di depan ...	[di depan ...]
under (beneath, below)	di bawah	[di bawah]
above (over)	di atas	[di atas]
on (atop)	di atas	[di atas]
from (off, out of)	dari	[dari]
of (made from)	dari	[dari]
in (e.g. ~ ten minutes)	dalam	[dalam]
over (across the top of)	melalui	[melalui]

17. Function words. Adverbs. Part 1

Where? (at, in)	Di mana?	[di mana?]
here (adv)	di sini	[di sini]
there (adv)	di sana	[di sana]
somewhere (to be)	di suatu tempat	[di suatu tempat]
nowhere (not anywhere)	tak ada di mana pun	[taʔ ada di mana pun]
by (near, beside)	dekat	[dekat]
by the window	dekat jendela	[dekat dʒ'endela]
Where (to)?	Ke mana?	[ke mana?]
here (e.g. come ~!)	ke sini	[ke sini]
there (e.g. to go ~)	ke sana	[ke sana]
from here (adv)	dari sini	[dari sini]
from there (adv)	dari sana	[dari sana]
close (adv)	dekat	[dekat]
far (adv)	jauh	[dʒ'auh]
near (e.g. ~ Paris)	dekat	[dekat]

nearby (adv)	dekat	[dekat]
not far (adv)	tidak jauh	[tidaʔ dʒ̍auh]
left (adj)	kiri	[kiri]
on the left	di kiri	[di kiri]
to the left	ke kiri	[ke kiri]
right (adj)	kanan	[kanan]
on the right	di kanan	[di kanan]
to the right	ke kanan	[ke kanan]
in front (adv)	di depan	[di depan]
front (as adj)	depan	[depan]
ahead (the kids ran ~)	ke depan	[ke depan]
behind (adv)	di belakang	[di belakaŋ]
from behind	dari belakang	[dari belakaŋ]
back (towards the rear)	mundur	[mundur]
middle	tengah	[teŋah]
in the middle	di tengah	[di teŋah]
at the side	di sisi, di samping	[di sisi], [di sampiŋ]
everywhere (adv)	di mana-mana	[di mana-mana]
around (in all directions)	di sekitar	[di sekitar]
from inside	dari dalam	[dari dalam]
somewhere (to go)	ke suatu tempat	[ke suatu tempat]
straight (directly)	terus	[terus]
back (e.g. come ~)	kembali	[kembali]
from anywhere	dari mana pun	[dari mana pun]
from somewhere	dari suatu tempat	[dari suatu tempat]
firstly (adv)	pertama	[pertama]
secondly (adv)	kedua	[kedua]
thirdly (adv)	ketiga	[ketiga]
suddenly (adv)	tiba-tiba	[tiba-tiba]
at first (in the beginning)	mula-mula	[mula-mula]
for the first time	untuk pertama kalinya	[untuʔ pertama kalinja]
long before ...	jauh sebelum ...	[dʒ̍auh sebelum ...]
anew (over again)	kembali	[kembali]
for good (adv)	untuk selama-lamanya	[untuʔ selama-lamanja]
never (adv)	tidak pernah	[tidaʔ pernah]
again (adv)	lagi, kembali	[lagi], [kembali]
now (adv)	sekarang	[sekaraŋ]
often (adv)	sering, seringkali	[seriŋ], [seriŋkali]
then (adv)	ketika itu	[ketika itu]
urgently (quickly)	segera	[segera]
usually (adv)	biasanya	[biasanja]
by the way, ...	ngomong-ngomong ...	[ŋomoŋ-ŋomoŋ ...]
possible (that is ~)	mungkin	[muŋkin]
probably (adv)	mungkin	[muŋkin]

maybe (adv)	mungkin	[muŋkin]
besides ...	selain itu ...	[selajn itu ...]
that's why ...	karena itu ...	[karena itu ...]
in spite of ...	meskipun ...	[meskipun ...]
thanks to ...	berkat ...	[berkat ...]
what (pron.)	apa	[apa]
that (conj.)	bahwa	[bahwa]
something	sesuatu	[sesuatu]
anything (something)	sesuatu	[sesuatu]
nothing	tidak sesuatu pun	[tidaʔ sesuatu pun]
who (pron.)	siapa	[siapa]
someone	seseorang	[seseoraŋ]
somebody	seseorang	[seseoraŋ]
nobody	tidak seorang pun	[tidaʔ seoraŋ pun]
nowhere (a voyage to ~)	tidak ke mana pun	[tidaʔ ke mana pun]
nobody's	tidak milik siapa pun	[tidaʔ miliʔ siapa pun]
somebody's	milik seseorang	[miliʔ seseoraŋ]
so (I'm ~ glad)	sangat	[saŋat]
also (as well)	juga	[dʒʲuga]
too (as well)	juga	[dʒʲuga]

18. Function words. Adverbs. Part 2

Why?	Mengapa?	[məŋapa?]
for some reason	entah mengapa	[entah məŋapa]
because ...	karena ...	[karena ...]
for some purpose	untuk tujuan tertentu	[untuʔ tudʒʲuan tərtentu]
and	dan	[dan]
or	atau	[atau]
but	tetapi, namun	[tetapi], [namun]
for (e.g. ~ me)	untuk	[untuʔ]
too (excessively)	terlalu	[tərlalu]
only (exclusively)	hanya	[hanja]
exactly (adv)	tepat	[tepat]
about (more or less)	sekitar	[sekitar]
approximately (adv)	kira-kira	[kira-kira]
approximate (adj)	kira-kira	[kira-kira]
almost (adv)	hampir	[hampir]
the rest	selebihnya, sisanya	[selebihnja], [sisanja]
the other (second)	kedua	[kedua]
other (different)	lain	[lain]
each (adj)	setiap	[setiap]
any (no matter which)	sebarang	[sebaraŋ]
many, much (a lot of)	banyak	[banjaʔ]
many people	banyak orang	[banjaʔ oraŋ]
all (everyone)	semua	[semua]

in return for ...	sebagai ganti ...	[sebagaj ganti ...]
in exchange (adv)	sebagai gantinya	[sebagaj gantinja]
by hand (made)	dengan tangan	[deŋan taŋan]
hardly (negative opinion)	hampir tidak	[hampir tida'] |//
probably (adv)	mungkin	[muŋkin]
on purpose (intentionally)	sengaja	[seŋadʒʲa]
by accident (adv)	tidak sengaja	[tida' seŋadʒʲa] |//
very (adv)	sangat	[saŋat]
for example (adv)	misalnya	[misalnja]
between	antara	[antara]
among	di antara	[di antara]
so much (such a lot)	banyak sekali	[banja' sekali]
especially (adv)	terutama	[terutama]

Basic concepts. Part 2

19. Weekdays

Monday	Hari Senin	[hari senin]
Tuesday	Hari Selasa	[hari selasa]
Wednesday	Hari Rabu	[hari rabu]
Thursday	Hari Kamis	[hari kamis]
Friday	Hari Jumat	[hari dʒˡumat]
Saturday	Hari Sabtu	[hari sabtu]
Sunday	Hari Minggu	[hari miŋgu]
today (adv)	hari ini	[hari ini]
tomorrow (adv)	besok	[besoˀ]
the day after tomorrow	besok lusa	[besoˀ lusa]
yesterday (adv)	kemarin	[kemarin]
the day before yesterday	kemarin dulu	[kemarin dulu]
day	hari	[hari]
working day	hari kerja	[hari kerdʒˡa]
public holiday	hari libur	[hari libur]
day off	hari libur	[hari libur]
weekend	akhir pekan	[ahir pekan]
all day long	seharian	[seharian]
the next day (adv)	hari berikutnya	[hari bərikutnja]
two days ago	dua hari lalu	[dua hari lalu]
the day before	hari sebelumnya	[hari sebelumnja]
daily (adj)	harian	[harian]
every day (adv)	tiap hari	[tiap hari]
week	minggu	[miŋgu]
last week (adv)	minggu lalu	[miŋgu lalu]
next week (adv)	minggu berikutnya	[miŋu bərikutnja]
weekly (adj)	mingguan	[miŋguan]
every week (adv)	tiap minggu	[tiap miŋgu]
twice a week	dua kali seminggu	[dua kali semiŋgu]
every Tuesday	tiap Hari Selasa	[tiap hari selasa]

20. Hours. Day and night

morning	pagi	[pagi]
in the morning	pada pagi hari	[pada pagi hari]
noon, midday	tengah hari	[teŋah hari]
in the afternoon	pada sore hari	[pada sore hari]
evening	sore, malam	[sore], [malam]
in the evening	waktu sore	[waktu sore]

night	malam	[malam]
at night	pada malam hari	[pada malam hari]
midnight	tengah malam	[teŋah malam]
second	detik	[detiʔ]
minute	menit	[menit]
hour	jam	[dʒʲam]
half an hour	setengah jam	[seteŋah dʒʲam]
a quarter-hour	seperempat jam	[seperempat dʒʲam]
fifteen minutes	lima belas menit	[lima belas menit]
24 hours	siang-malam	[siaŋ-malam]
sunrise	matahari terbit	[matahari tərbit]
dawn	subuh	[subuh]
early morning	dini pagi	[dini pagi]
sunset	matahari terbenam	[matahari tərbenam]
early in the morning	pagi-pagi	[pagi-pagi]
this morning	pagi ini	[pagi ini]
tomorrow morning	besok pagi	[besoʔ pagi]
this afternoon	sore ini	[sore ini]
in the afternoon	pada sore hari	[pada sore hari]
tomorrow afternoon	besok sore	[besoʔ sore]
tonight (this evening)	sore ini	[sore ini]
tomorrow night	besok malam	[besoʔ malam]
at 3 o'clock sharp	pukul 3 tepat	[pukul tiga tepat]
about 4 o'clock	sekitar pukul 4	[sekitar pukul empat]
by 12 o'clock	pada pukul 12	[pada pukul belas]
in 20 minutes	dalam 20 menit	[dalam dua puluh menit]
in an hour	dalam satu jam	[dalam satu dʒʲam]
on time (adv)	tepat waktu	[tepat waktu]
a quarter to ...	... kurang seperempat	[... kuraŋ seperempat]
within an hour	selama sejam	[selama sedʒʲam]
every 15 minutes	tiap 15 menit	[tiap lima belas menit]
round the clock	siang-malam	[siaŋ-malam]

21. Months. Seasons

January	Januari	[dʒʲanuari]
February	Februari	[februari]
March	Maret	[maret]
April	April	[april]
May	Mei	[mei]
June	Juni	[dʒʲuni]
July	Juli	[dʒʲuli]
August	Augustus	[augustus]
September	September	[september]
October	Oktober	[oktober]

November	**November**	[november]
December	**Desember**	[desember]
spring	**musim semi**	[musim semi]
in spring	**pada musim semi**	[pada musim semi]
spring (as adj)	**musim semi**	[musim semi]
summer	**musim panas**	[musim panas]
in summer	**pada musim panas**	[pada musim panas]
summer (as adj)	**musim panas**	[musim panas]
autumn	**musim gugur**	[musim gugur]
in autumn	**pada musim gugur**	[pada musim gugur]
autumn (as adj)	**musim gugur**	[musim gugur]
winter	**musim dingin**	[musim diŋin]
in winter	**pada musim dingin**	[pada musim diŋin]
winter (as adj)	**musim dingin**	[musim diŋin]
month	**bulan**	[bulan]
this month	**bulan ini**	[bulan ini]
next month	**bulan depan**	[bulan depan]
last month	**bulan lalu**	[bulan lalu]
a month ago	**sebulan lalu**	[sebulan lalu]
in a month (a month later)	**dalam satu bulan**	[dalam satu bulan]
in 2 months (2 months later)	**dalam 2 bulan**	[dalam dua bulan]
the whole month	**sepanjang bulan**	[sepandʒʲaŋ bulan]
all month long	**sebulan penuh**	[sebulan penuh]
monthly (~ magazine)	**bulanan**	[bulanan]
monthly (adv)	**tiap bulan**	[tiap bulan]
every month	**tiap bulan**	[tiap bulan]
twice a month	**dua kali sebulan**	[dua kali sebulan]
year	**tahun**	[tahun]
this year	**tahun ini**	[tahun ini]
next year	**tahun depan**	[tahun depan]
last year	**tahun lalu**	[tahun lalu]
a year ago	**setahun lalu**	[setahun lalu]
in a year	**dalam satu tahun**	[dalam satu tahun]
in two years	**dalam 2 tahun**	[dalam dua tahun]
the whole year	**sepanjang tahun**	[sepandʒʲaŋ tahun]
all year long	**setahun penuh**	[setahun penuh]
every year	**tiap tahun**	[tiap tahun]
annual (adj)	**tahunan**	[tahunan]
annually (adv)	**tiap tahun**	[tiap tahun]
4 times a year	**empat kali setahun**	[empat kali setahun]
date (e.g. today's ~)	**tanggal**	[taŋgal]
date (e.g. ~ of birth)	**tanggal**	[taŋgal]
calendar	**kalender**	[kalender]
half a year	**setengah tahun**	[seteŋah tahun]
six months	**enam bulan**	[enam bulan]

season (summer, etc.)	musim	[musim]
century	abad	[abad]

22. Units of measurement

weight	berat	[berat]
length	panjang	[pandʒiaŋ]
width	lebar	[lebar]
height	ketinggian	[ketiŋgian]
depth	kedalaman	[kedalaman]
volume	volume, isi	[volume], [isi]
area	luas	[luas]
gram	gram	[gram]
milligram	miligram	[miligram]
kilogram	kilogram	[kilogram]
ton	ton	[ton]
pound	pon	[pon]
ounce	ons	[ons]
metre	meter	[meter]
millimetre	milimeter	[milimeter]
centimetre	sentimeter	[sentimeter]
kilometre	kilometer	[kilometer]
mile	mil	[mil]
inch	inci	[intʃi]
foot	kaki	[kaki]
yard	yard	[yard]
square metre	meter persegi	[meter persegi]
hectare	hektar	[hektar]
litre	liter	[liter]
degree	derajat	[deradʒiat]
volt	volt	[volt]
ampere	ampere	[ampere]
horsepower	tenaga kuda	[tenaga kuda]
quantity	kuantitas	[kuantitas]
a little bit of ...	sedikit ...	[sedikit ...]
half	setengah	[seteŋah]
dozen	lusin	[lusin]
piece (item)	buah	[buah]
size	ukuran	[ukuran]
scale (map ~)	skala	[skala]
minimal (adj)	minimal	[minimal]
the smallest (adj)	terkecil	[terketʃil]
medium (adj)	sedang	[sedaŋ]
maximal (adj)	maksimal	[maksimal]
the largest (adj)	terbesar	[terbesar]

23. Containers

canning jar (glass ~)	gelas	[gelas]
tin, can	kaleng	[kaleŋ]
bucket	ember	[ember]
barrel	tong	[toŋ]
wash basin (e.g., plastic ~)	baskom	[baskom]
tank (100L water ~)	tangki	[taŋki]
hip flask	pelples	[pelples]
jerrycan	jeriken	[dʒʲeriken]
tank (e.g., tank car)	tangki	[taŋki]
mug	mangkuk	[maŋkuʔ]
cup (of coffee, etc.)	cangkir	[tʃaŋkir]
saucer	alas cangkir	[alas tʃaŋkir]
glass (tumbler)	gelas	[gelas]
wine glass	gelas anggur	[gelas aŋgur]
stock pot (soup pot)	panci	[pantʃi]
bottle (~ of wine)	botol	[botol]
neck (of the bottle, etc.)	leher	[leher]
carafe (decanter)	karaf	[karaf]
pitcher	kendi	[kendi]
vessel (container)	wadah	[wadah]
pot (crock, stoneware ~)	pot	[pot]
vase	vas	[vas]
bottle (perfume ~)	botol	[botol]
vial, small bottle	botol kecil	[botol ketʃil]
tube (of toothpaste)	tabung	[tabuŋ]
sack (bag)	karung	[karuŋ]
bag (paper ~, plastic ~)	kantong	[kantoŋ]
packet (of cigarettes, etc.)	bungkus	[buŋkus]
box (e.g. shoebox)	kotak, kardus	[kotak], [kardus]
crate	kotak	[kotaʔ]
basket	bakul	[bakul]

HUMAN BEING

Human being. The body

24. Head

head	kepala	[kepala]
face	wajah	[wadʒʲah]
nose	hidung	[hiduŋ]
mouth	mulut	[mulut]
eye	mata	[mata]
eyes	mata	[mata]
pupil	pupil, biji mata	[pupil], [bidʒi mata]
eyebrow	alis	[alis]
eyelash	bulu mata	[bulu mata]
eyelid	kelopak mata	[kelopaʔ mata]
tongue	lidah	[lidah]
tooth	gigi	[gigi]
lips	bibir	[bibir]
cheekbones	tulang pipi	[tulaŋ pipi]
gum	gusi	[gusi]
palate	langit-langit mulut	[laŋit-laŋit mulut]
nostrils	lubang hidung	[lubaŋ hiduŋ]
chin	dagu	[dagu]
jaw	rahang	[rahaŋ]
cheek	pipi	[pipi]
forehead	dahi	[dahi]
temple	pelipis	[pelipis]
ear	telinga	[teliŋa]
back of the head	tengkuk	[teŋkuʔ]
neck	leher	[leher]
throat	tenggorok	[teŋgoroʔ]
hair	rambut	[rambut]
hairstyle	tatanan rambut	[tatanan rambut]
haircut	potongan rambut	[potoŋan rambut]
wig	wig, rambut palsu	[wig], [rambut palsu]
moustache	kumis	[kumis]
beard	janggut	[dʒʲaŋgut]
to have (a beard, etc.)	memelihara	[memelihara]
plait	kepang	[kepaŋ]
sideboards	brewok	[brewoʔ]
red-haired (adj)	merah pirang	[merah piraŋ]
grey (hair)	beruban	[beruban]

bald (adj)	**botak, plontos**	[botak], [plontos]
bald patch	**botak**	[botaʔ]
ponytail	**ekor kuda**	[ekor kuda]
fringe	**poni rambut**	[poni rambut]

25. Human body

hand	**tangan**	[taŋan]
arm	**lengan**	[leŋan]
finger	**jari**	[dʒʲari]
toe	**jari**	[dʒʲari]
thumb	**jempol**	[dʒʲempol]
little finger	**jari kelingking**	[dʒʲari keliŋkiŋ]
nail	**kuku**	[kuku]
fist	**kepalan tangan**	[kepalan taŋan]
palm	**telapak**	[telapaʔ]
wrist	**pergelangan**	[pergelaŋan]
forearm	**lengan bawah**	[leŋan bawah]
elbow	**siku**	[siku]
shoulder	**bahu**	[bahu]
leg	**kaki**	[kaki]
foot	**telapak kaki**	[telapaʔ kaki]
knee	**lutut**	[lutut]
calf (part of leg)	**betis**	[betis]
hip	**paha**	[paha]
heel	**tumit**	[tumit]
body	**tubuh**	[tubuh]
stomach	**perut**	[perut]
chest	**dada**	[dada]
breast	**payudara**	[pajudara]
flank	**rusuk**	[rusuʔ]
back	**punggung**	[puŋguŋ]
lower back	**pinggang bawah**	[piŋgaŋ bawah]
waist	**pinggang**	[piŋgaŋ]
navel (belly button)	**pusar**	[pusar]
buttocks	**pantat**	[pantat]
bottom	**pantat**	[pantat]
beauty spot	**tanda lahir**	[tanda lahir]
birthmark (café au lait spot)	**tanda lahir**	[tanda lahir]
tattoo	**tato**	[tato]
scar	**parut luka**	[parut luka]

Clothing & Accessories

26. Outerwear. Coats

clothes	**pakaian**	[pakajan]
outerwear	**pakaian luar**	[pakajan luar]
winter clothing	**pakaian musim dingin**	[pakajan musim diɲin]
coat (overcoat)	**mantel**	[mantel]
fur coat	**mantel bulu**	[mantel bulu]
fur jacket	**jaket bulu**	[dʒʲaket bulu]
down coat	**jaket bulu halus**	[dʒʲaket bulu halus]
jacket (e.g. leather ~)	**jaket**	[dʒʲaket]
raincoat (trenchcoat, etc.)	**jas hujan**	[dʒʲas hudʒʲan]
waterproof (adj)	**kedap air**	[kedap air]

27. Men's & women's clothing

shirt (button shirt)	**kemeja**	[kemedʒʲa]
trousers	**celana**	[tʃelana]
jeans	**celana jins**	[tʃelana dʒins]
suit jacket	**jas**	[dʒʲas]
suit	**setelan**	[setelan]
dress (frock)	**gaun**	[gaun]
skirt	**rok**	[roʔ]
blouse	**blus**	[blus]
knitted jacket (cardigan, etc.)	**jaket wol**	[dʒʲaket wol]
jacket (of woman's suit)	**jaket**	[dʒʲaket]
T-shirt	**baju kaus**	[badʒʲu kaus]
shorts (short trousers)	**celana pendek**	[tʃelana pendeʔ]
tracksuit	**pakaian olahraga**	[pakajan olahraga]
bathrobe	**jubah mandi**	[dʒʲubah mandi]
pyjamas	**piyama**	[pijama]
jumper (sweater)	**sweter**	[sweter]
pullover	**pulover**	[pulover]
waistcoat	**rompi**	[rompi]
tailcoat	**jas berbuntut**	[dʒʲas bərbuntut]
dinner suit	**jas malam**	[dʒʲas malam]
uniform	**seragam**	[seragam]
workwear	**pakaian kerja**	[pakajan kerdʒʲa]
boiler suit	**baju monyet**	[badʒʲu monjet]
coat (e.g. doctor's smock)	**jas**	[dʒʲas]

28. Clothing. Underwear

underwear	**pakaian dalam**	[pakajan dalam]
pants	**celana dalam lelaki**	[tʃelana dalam lelaki]
panties	**celana dalam wanita**	[tʃelana dalam wanita]
vest (singlet)	**singlet**	[siŋlet]
socks	**kaus kaki**	[kaus kaki]
nightgown	**baju tidur**	[badʒʲu tidur]
bra	**beha**	[beha]
knee highs (knee-high socks)	**kaus kaki selutut**	[kaus kaki selutut]
tights	**pantihos**	[pantihos]
stockings (hold ups)	**kaus kaki panjang**	[kaus kaki pandʒʲaŋ]
swimsuit, bikini	**baju renang**	[badʒʲu renaŋ]

29. Headwear

hat	**topi**	[topi]
trilby hat	**topi bulat**	[topi bulat]
baseball cap	**topi bisbol**	[topi bisbol]
flatcap	**topi pet**	[topi pet]
beret	**baret**	[baret]
hood	**kerudung kepala**	[keruduŋ kepala]
panama hat	**topi panama**	[topi panama]
knit cap (knitted hat)	**topi rajut**	[topi radʒʲut]
headscarf	**tudung kepala**	[tuduŋ kepala]
women's hat	**topi wanita**	[topi wanita]
hard hat	**topi baja**	[topi badʒʲa]
forage cap	**topi lipat**	[topi lipat]
helmet	**helm**	[helm]
bowler	**topi bulat**	[topi bulat]
top hat	**topi tinggi**	[topi tiŋgi]

30. Footwear

footwear	**sepatu**	[sepatu]
shoes (men's shoes)	**sepatu bot**	[sepatu bot]
shoes (women's shoes)	**sepatu wanita**	[sepatu wanita]
boots (e.g., cowboy ~)	**sepatu lars**	[sepatu lars]
carpet slippers	**pantofel**	[pantofel]
trainers	**sepatu tenis**	[sepatu tenis]
trainers	**sepatu kets**	[sepatu kets]
sandals	**sandal**	[sandal]
cobbler (shoe repairer)	**tukang sepatu**	[tukaŋ sepatu]
heel	**tumit**	[tumit]

pair (of shoes)	**sepasang**	[sepasaŋ]
lace (shoelace)	**tali sepatu**	[tali sepatu]
to lace up (vt)	**mengikat tali**	[məŋikat tali]
shoehorn	**sendok sepatu**	[sendoʔ sepatu]
shoe polish	**semir sepatu**	[semir sepatu]

31. Personal accessories

gloves	**sarung tangan**	[saruŋ taŋan]
mittens	**sarung tangan**	[saruŋ taŋan]
scarf (muffler)	**selendang**	[selendaŋ]
glasses	**kacamata**	[katʃamata]
frame (eyeglass ~)	**bingkai**	[biŋkaj]
umbrella	**payung**	[pajuŋ]
walking stick	**tongkat jalan**	[toŋkat dʒʲalan]
hairbrush	**sikat rambut**	[sikat rambut]
fan	**kipas**	[kipas]
tie (necktie)	**dasi**	[dasi]
bow tie	**dasi kupu-kupu**	[dasi kupu-kupu]
braces	**bretel**	[bretel]
handkerchief	**sapu tangan**	[sapu taŋan]
comb	**sisir**	[sisir]
hair slide	**jepit rambut**	[dʒʲepit rambut]
hairpin	**harnal**	[harnal]
buckle	**gesper**	[gesper]
belt	**sabuk**	[sabuʔ]
shoulder strap	**tali tas**	[tali tas]
bag (handbag)	**tas**	[tas]
handbag	**tas tangan**	[tas taŋan]
rucksack	**ransel**	[ransel]

32. Clothing. Miscellaneous

fashion	**mode**	[mode]
in vogue (adj)	**modis**	[modis]
fashion designer	**perancang busana**	[perantʃaŋ busana]
collar	**kerah**	[kerah]
pocket	**saku**	[saku]
pocket (as adj)	**saku**	[saku]
sleeve	**lengan**	[leŋan]
hanging loop	**tali kait**	[tali kait]
flies (on trousers)	**golbi**	[golbi]
zip (fastener)	**ritsleting**	[ritsletiŋ]
fastener	**kancing**	[kantʃiŋ]
button	**kancing**	[kantʃiŋ]

| buttonhole | lubang kancing | [luban kantʃin] |
| to come off (ab. button) | terlepas | [tərlepas] |

to sew (vi, vt)	menjahit	[məndʒ'ahit]
to embroider (vi, vt)	membordir	[membordir]
embroidery	bordiran	[bordiran]
sewing needle	jarum	[dʒ'arum]
thread	benang	[benaŋ]
seam	setik	[setiʔ]

to get dirty (vi)	kena kotor	[kena kotor]
stain (mark, spot)	bercak	[bertʃaʔ]
to crease, crumple (vi)	kumal	[kumal]
to tear, to rip (vt)	merobek	[merobeʔ]
clothes moth	ngengat	[ŋeŋat]

33. Personal care. Cosmetics

toothpaste	pasta gigi	[pasta gigi]
toothbrush	sikat gigi	[sikat gigi]
to clean one's teeth	menggosok gigi	[məŋgosoʔ gigi]

razor	pisau cukur	[pisau tʃukur]
shaving cream	krim cukur	[krim tʃukur]
to shave (vi)	bercukur	[bərtʃukur]

| soap | sabun | [sabun] |
| shampoo | sampo | [sampo] |

scissors	gunting	[guntiŋ]
nail file	kikir kuku	[kikir kuku]
nail clippers	pemotong kuku	[pemotoŋ kuku]
tweezers	pinset	[pinset]

cosmetics	kosmetik	[kosmetiʔ]
face mask	masker	[masker]
manicure	manikur	[manikur]
to have a manicure	melakukan manikur	[melakukan manikur]
pedicure	pedi	[pedi]

make-up bag	tas kosmetik	[tas kosmetiʔ]
face powder	bedak	[bedaʔ]
powder compact	kotak bedak	[kotaʔ bedaʔ]
blusher	perona pipi	[pərona pipi]

perfume (bottled)	parfum	[parfum]
toilet water (lotion)	minyak wangi	[minjaʔ waɲi]
lotion	losion	[losjon]
cologne	kolonye	[kolone]

eyeshadow	pewarna mata	[pewarna mata]
eyeliner	pensil alis	[pensil alis]
mascara	celak	[tʃelaʔ]
lipstick	lipstik	[lipstiʔ]

nail polish	kuteks, cat kuku	[kuteks], [tʃat kuku]
hair spray	semprotan rambut	[semprotan rambut]
deodorant	deodoran	[deodoran]
cream	krim	[krim]
face cream	krim wajah	[krim wadʒʲah]
hand cream	krim tangan	[krim taŋan]
anti-wrinkle cream	krim antikerut	[krim antikerut]
day cream	krim siang	[krim siaŋ]
night cream	krim malam	[krim malam]
day (as adj)	siang	[siaŋ]
night (as adj)	malam	[malam]
tampon	tampon	[tampon]
toilet paper (toilet roll)	kertas toilet	[kertas toylet]
hair dryer	pengering rambut	[peŋeriŋ rambut]

34. Watches. Clocks

watch (wristwatch)	arloji	[arlodʒi]
dial	piringan jam	[piriŋan dʒʲam]
hand (of clock, watch)	jarum	[dʒʲarum]
metal bracelet	rantai arloji	[rantaj arlodʒi]
watch strap	tali arloji	[tali arlodʒi]
battery	baterai	[bateraj]
to be flat (battery)	mati	[mati]
to change a battery	mengganti baterai	[məŋganti bateraj]
to run fast	cepat	[tʃepat]
to run slow	terlambat	[terlambat]
wall clock	jam dinding	[dʒʲam dindiŋ]
hourglass	jam pasir	[dʒʲam pasir]
sundial	jam matahari	[dʒʲam matahari]
alarm clock	weker	[weker]
watchmaker	tukang jam	[tukaŋ dʒʲam]
to repair (vt)	mereparasi, memperbaiki	[mereparasi], [memperbajki]

Food. Nutricion

35. Food

meat	**daging**	[dagiŋ]
chicken	**ayam**	[ajam]
poussin	**anak ayam**	[ana' ajam]
duck	**bebek**	[bebe']
goose	**angsa**	[aŋsa]
game	**binatang buruan**	[binataŋ buruan]
turkey	**kalkun**	[kalkun]
pork	**daging babi**	[dagiŋ babi]
veal	**daging anak sapi**	[dagiŋ ana' sapi]
lamb	**daging domba**	[dagiŋ domba]
beef	**daging sapi**	[dagiŋ sapi]
rabbit	**kelinci**	[kelintʃi]
sausage (bologna, pepperoni, etc.)	**sosis**	[sosis]
vienna sausage (frankfurter)	**sosis**	[sosis]
bacon	**bakon**	[beykon]
ham	**ham, daging kornet**	[ham], [dagiŋ kornet]
gammon	**ham**	[ham]
pâté	**pasta**	[pasta]
liver	**hati**	[hati]
mince (minced meat)	**daging giling**	[dagiŋ giliŋ]
tongue	**lidah**	[lidah]
egg	**telur**	[telur]
eggs	**telur**	[telur]
egg white	**putih telur**	[putih telur]
egg yolk	**kuning telur**	[kuniŋ telur]
fish	**ikan**	[ikan]
seafood	**makanan laut**	[makanan laut]
crustaceans	**krustasea**	[krustasea]
caviar	**caviar**	[kaviar]
crab	**kepiting**	[kepitiŋ]
prawn	**udang**	[udaŋ]
oyster	**tiram**	[tiram]
spiny lobster	**lobster berduri**	[lobster bərduri]
octopus	**gurita**	[gurita]
squid	**cumi-cumi**	[tʃumi-tʃumi]
sturgeon	**ikan sturgeon**	[ikan sturdʒʲen]
salmon	**salmon**	[salmon]
halibut	**ikan turbot**	[ikan turbot]

cod	ikan kod	[ikan kod]
mackerel	ikan kembung	[ikan kembuŋ]
tuna	tuna	[tuna]
eel	belut	[belut]
trout	ikan forel	[ikan forel]
sardine	sarden	[sarden]
pike	ikan pike	[ikan paik]
herring	ikan haring	[ikan hariŋ]
bread	roti	[roti]
cheese	keju	[kedʒʲu]
sugar	gula	[gula]
salt	garam	[garam]
rice	beras, nasi	[beras], [nasi]
pasta (macaroni)	makaroni	[makaroni]
noodles	mi	[mi]
butter	mentega	[məntega]
vegetable oil	minyak nabati	[minjaʔ nabati]
sunflower oil	minyak bunga matahari	[minjaʔ buŋa matahari]
margarine	margarin	[margarin]
olives	buah zaitun	[buah zajtun]
olive oil	minyak zaitun	[minjaʔ zajtun]
milk	susu	[susu]
condensed milk	susu kental	[susu kental]
yogurt	yogurt	[yogurt]
soured cream	krim asam	[krim asam]
cream (of milk)	krim, kepala susu	[krim], [kepala susu]
mayonnaise	mayones	[majones]
buttercream	krim	[krim]
cereal grains (wheat, etc.)	menir	[menir]
flour	tepung	[tepuŋ]
tinned food	makanan kalengan	[makanan kaleŋan]
cornflakes	emping jagung	[empiŋ dʒʲaguŋ]
honey	madu	[madu]
jam	selai	[selaj]
chewing gum	permen karet	[pərmen karet]

36. Drinks

water	air	[air]
drinking water	air minum	[air minum]
mineral water	air mineral	[air mineral]
still (adj)	tanpa gas	[tanpa gas]
carbonated (adj)	berkarbonasi	[bərkarbonasi]
sparkling (adj)	bergas	[bərgas]
ice	es	[es]

with ice	**dengan es**	[deŋan es]
non-alcoholic (adj)	**tanpa alkohol**	[tanpa alkohol]
soft drink	**minuman ringan**	[minuman riŋan]
refreshing drink	**minuman penygar**	[minuman peniŋar]
lemonade	**limun**	[limun]
spirits	**minoman beralkohol**	[minoman beralkohol]
wine	**anggur**	[aŋgur]
white wine	**anggur putih**	[aŋgur putih]
red wine	**anggur merah**	[aŋgur merah]
liqueur	**likeur**	[likeur]
champagne	**sampanye**	[sampanje]
vermouth	**vermouth**	[vermut]
whisky	**wiski**	[wiski]
vodka	**vodka**	[vodka]
gin	**jin, jenewer**	[dʒin], [dʒʲenewer]
cognac	**konyak**	[konjaʔ]
rum	**rum**	[rum]
coffee	**kopi**	[kopi]
black coffee	**kopi pahit**	[kopi pahit]
white coffee	**kopi susu**	[kopi susu]
cappuccino	**cappuccino**	[kaputʃino]
instant coffee	**kopi instan**	[kopi instan]
milk	**susu**	[susu]
cocktail	**koktail**	[koktajl]
milkshake	**susu kocok**	[susu kotʃoʔ]
juice	**jus**	[dʒʲus]
tomato juice	**jus tomat**	[dʒʲus tomat]
orange juice	**jus jeruk**	[dʒʲus dʒʲeruʔ]
freshly squeezed juice	**jus peras**	[dʒʲus peras]
beer	**bir**	[bir]
lager	**bir putih**	[bir putih]
bitter	**bir hitam**	[bir hitam]
tea	**teh**	[teh]
black tea	**teh hitam**	[teh hitam]
green tea	**teh hijau**	[teh hidʒʲau]

37. Vegetables

vegetables	**sayuran**	[sajuran]
greens	**sayuran hijau**	[sajuran hidʒʲau]
tomato	**tomat**	[tomat]
cucumber	**mentimun, ketimun**	[məntimun], [ketimun]
carrot	**wortel**	[wortel]
potato	**kentang**	[kentaŋ]
onion	**bawang**	[bawaŋ]

garlic	**bawang putih**	[bawaŋ putih]
cabbage	**kol**	[kol]
cauliflower	**kembang kol**	[kembaŋ kol]
Brussels sprouts	**kol Brussels**	[kol brusels]
broccoli	**brokoli**	[brokoli]
beetroot	**ubi bit merah**	[ubi bit merah]
aubergine	**terung, terong**	[teruŋ], [teroŋ]
courgette	**labu siam**	[labu siam]
pumpkin	**labu**	[labu]
turnip	**turnip**	[turnip]
parsley	**peterseli**	[peterseli]
dill	**adas sowa**	[adas sowa]
lettuce	**selada**	[selada]
celery	**seledri**	[seledri]
asparagus	**asparagus**	[asparagus]
spinach	**bayam**	[bajam]
pea	**kacang polong**	[katʃaŋ poloŋ]
beans	**kacang-kacangan**	[katʃaŋ-katʃaŋan]
maize	**jagung**	[dʒʲaguŋ]
kidney bean	**kacang buncis**	[katʃaŋ buntʃis]
sweet paper	**cabai**	[tʃabaj]
radish	**radis**	[radis]
artichoke	**artisyok**	[artiʃoʔ]

38. Fruits. Nuts

fruit	**buah**	[buah]
apple	**apel**	[apel]
pear	**pir**	[pir]
lemon	**jeruk sitrun**	[dʒʲeruʔ sitrun]
orange	**jeruk manis**	[dʒʲeruʔ manis]
strawberry (garden ~)	**stroberi**	[stroberi]
tangerine	**jeruk mandarin**	[dʒʲeruʔ mandarin]
plum	**plum**	[plum]
peach	**persik**	[persiʔ]
apricot	**aprikot**	[aprikot]
raspberry	**buah frambus**	[buah frambus]
pineapple	**nanas**	[nanas]
banana	**pisang**	[pisaŋ]
watermelon	**semangka**	[semaŋka]
grape	**buah anggur**	[buah aŋgur]
sour cherry	**buah ceri asam**	[buah tʃeri asam]
sweet cherry	**buah ceri manis**	[buah tʃeri manis]
melon	**melon**	[melon]
grapefruit	**jeruk Bali**	[dʒʲeruʔ bali]
avocado	**avokad**	[avokad]
papaya	**pepaya**	[pepaja]

mango	**mangga**	[maŋga]
pomegranate	**buah delima**	[buah delima]
redcurrant	**redcurrant**	[redkaren]
blackcurrant	**blackcurrant**	[bleʔkaren]
gooseberry	**buah arbei hijau**	[buah arbei hidʒʲau]
bilberry	**buah bilberi**	[buah bilberi]
blackberry	**beri hitam**	[beri hitam]
raisin	**kismis**	[kismis]
fig	**buah ara**	[buah ara]
date	**buah kurma**	[buah kurma]
peanut	**kacang tanah**	[katʃaŋ tanah]
almond	**badam**	[badam]
walnut	**buah walnut**	[buah walnut]
hazelnut	**kacang hazel**	[katʃaŋ hazel]
coconut	**buah kelapa**	[buah kelapa]
pistachios	**badam hijau**	[badam hidʒʲau]

39. Bread. Sweets

bakers' confectionery (pastry)	**kue-mue**	[kue-mue]
bread	**roti**	[roti]
biscuits	**biskuit**	[biskuit]
chocolate (n)	**cokelat**	[tʃokelat]
chocolate (as adj)	**cokelat**	[tʃokelat]
candy (wrapped)	**permen**	[permen]
cake (e.g. cupcake)	**kue**	[kue]
cake (e.g. birthday ~)	**kue tar**	[kue tar]
pie (e.g. apple ~)	**pai**	[pai]
filling (for cake, pie)	**inti**	[inti]
jam (whole fruit jam)	**selai buah utuh**	[selaj buah utuh]
marmalade	**marmelade**	[marmelade]
waffles	**wafel**	[wafel]
ice-cream	**es krim**	[es krim]
pudding (Christmas ~)	**puding**	[pudiŋ]

40. Cooked dishes

course, dish	**masakan, hidangan**	[masakan], [hidaŋan]
cuisine	**masakan**	[masakan]
recipe	**resep**	[resep]
portion	**porsi**	[porsi]
salad	**salada**	[salada]
soup	**sup**	[sup]
clear soup (broth)	**kaldu**	[kaldu]
sandwich (bread)	**roti lapis**	[roti lapis]

fried eggs	telur mata sapi	[telur mata sapi]
hamburger (beefburger)	hamburger	[hamburger]
beefsteak	bistik	[bistiʔ]
side dish	lauk	[lauʔ]
spaghetti	spageti	[spageti]
mash	kentang tumbuk	[kentaŋ tumbuʔ]
pizza	piza	[piza]
porridge (oatmeal, etc.)	bubur	[bubur]
omelette	telur dadar	[telur dadar]
boiled (e.g. ~ beef)	rebus	[rebus]
smoked (adj)	asap	[asap]
fried (adj)	goreng	[goreŋ]
dried (adj)	kering	[keriŋ]
frozen (adj)	beku	[beku]
pickled (adj)	marinade	[marinade]
sweet (sugary)	manis	[manis]
salty (adj)	asin	[asin]
cold (adj)	dingin	[diŋin]
hot (adj)	panas	[panas]
bitter (adj)	pahit	[pahit]
tasty (adj)	enak	[enaʔ]
to cook in boiling water	merebus	[merebus]
to cook (dinner)	memasak	[memasaʔ]
to fry (vt)	menggoreng	[məŋgoreŋ]
to heat up (food)	memanaskan	[memanaskan]
to salt (vt)	menggarami	[məŋgarami]
to pepper (vt)	membubuh merica	[membubuh meritʃa]
to grate (vt)	memarut	[memarut]
peel (n)	kulit	[kulit]
to peel (vt)	mengupas	[məŋupas]

41. Spices

salt	garam	[garam]
salty (adj)	asin	[asin]
to salt (vt)	menggarami	[məŋgarami]
black pepper	merica	[meritʃa]
red pepper (milled ~)	cabai merah	[tʃabaj merah]
mustard	mustar	[mustar]
horseradish	lobak pedas	[lobaʔ pedas]
condiment	bumbu	[bumbu]
spice	rempah-rempah	[rempah-rempah]
sauce	saus	[saus]
vinegar	cuka	[tʃuka]
anise	adas manis	[adas manis]
basil	selasih	[selasih]

cloves	**cengkih**	[tʃeŋkih]
ginger	**jahe**	[dʒʲahe]
coriander	**ketumbar**	[ketumbar]
cinnamon	**kayu manis**	[kaju manis]
sesame	**wijen**	[widʒʲen]
bay leaf	**daun salam**	[daun salam]
paprika	**cabai**	[tʃabaj]
caraway	**jintan**	[dʒintan]
saffron	**kuma-kuma**	[kuma-kuma]

42. Meals

food	**makanan**	[makanan]
to eat (vi, vt)	**makan**	[makan]
breakfast	**makan pagi, sarapan**	[makan pagi], [sarapan]
to have breakfast	**sarapan**	[sarapan]
lunch	**makan siang**	[makan siaŋ]
to have lunch	**makan siang**	[makan siaŋ]
dinner	**makan malam**	[makan malam]
to have dinner	**makan malam**	[makan malam]
appetite	**nafsu makan**	[nafsu makan]
Enjoy your meal!	**Selamat makan!**	[selamat makan!]
to open (~ a bottle)	**membuka**	[membuka]
to spill (liquid)	**menumpahkan**	[mənumpahkan]
to boil (vi)	**mendidih**	[məndidih]
to boil (vt)	**mendidihkan**	[məndidihkan]
boiled (~ water)	**masak**	[masaʔ]
to chill, cool down (vt)	**mendinginkan**	[məndiŋinkan]
to chill (vi)	**mendingin**	[məndiŋin]
taste, flavour	**rasa**	[rasa]
aftertaste	**nuansa rasa**	[nuansa rasa]
to slim down (lose weight)	**berdiet**	[berdiet]
diet	**diet, pola makan**	[diet], [pola makan]
vitamin	**vitamin**	[vitamin]
calorie	**kalori**	[kalori]
vegetarian (n)	**vegetarian**	[vegetarian]
vegetarian (adj)	**vegetarian**	[vegetarian]
fats (nutrient)	**lemak**	[lemaʔ]
proteins	**protein**	[protein]
carbohydrates	**karbohidrat**	[karbohidrat]
slice (of lemon, ham)	**irisan**	[irisan]
piece (of cake, pie)	**potongan**	[potoŋan]
crumb (of bread, cake, etc.)	**remah**	[remah]

43. Table setting

spoon	sendok	[sendoʔ]
knife	pisau	[pisau]
fork	garpu	[garpu]
cup (e.g., coffee ~)	cangkir	[tʃaŋkir]
plate (dinner ~)	piring	[piriŋ]
saucer	alas cangkir	[alas tʃaŋkir]
serviette	serbet	[serbet]
toothpick	tusuk gigi	[tusuʔ gigi]

44. Restaurant

restaurant	restoran	[restoran]
coffee bar	warung kopi	[waruŋ kopi]
pub, bar	bar	[bar]
tearoom	warung teh	[waruŋ teh]
waiter	pelayan lelaki	[pelajan lelaki]
waitress	pelayan perempuan	[pelajan pərempuan]
barman	pelayan bar	[pelajan bar]
menu	menu	[menu]
wine list	daftar anggur	[daftar aŋgur]
to book a table	memesan meja	[memesan medʒˈa]
course, dish	masakan, hidangan	[masakan], [hidaŋan]
to order (meal)	memesan	[memesan]
to make an order	memesan	[memesan]
aperitif	aperitif	[aperitif]
starter	makanan ringan	[makanan riŋan]
dessert, pudding	hidangan penutup	[hidaŋan penutup]
bill	bon	[bon]
to pay the bill	membayar bon	[membajar bon]
to give change	memberikan uang kembalian	[memberikan uaŋ kembalian]
tip	tip	[tip]

Family, relatives and friends

45. Personal information. Forms

name (first name)	nama, nama depan	[nama], [nama depan]
surname (last name)	nama keluarga	[nama keluarga]
date of birth	tanggal lahir	[taŋgal lahir]
place of birth	tempat lahir	[tempat lahir]
nationality	kebangsaan	[kebaŋsa'an]
place of residence	tempat tinggal	[tempat tiŋgal]
country	negara, negeri	[negara], [negeri]
profession (occupation)	profesi	[profesi]
gender, sex	jenis kelamin	[dʒienis kelamin]
height	tinggi badan	[tiŋgi badan]
weight	berat	[berat]

46. Family members. Relatives

mother	ibu	[ibu]
father	ayah	[ajah]
son	anak lelaki	[ana' lelaki]
daughter	anak perempuan	[ana' perempuan]
younger daughter	anak perempuan bungsu	[ana' perempuan buŋsu]
younger son	anak lelaki bungsu	[ana' lelaki buŋsu]
eldest daughter	anak perempuan sulung	[ana' perempuan suluŋ]
eldest son	anak lelaki sulung	[ana' lelaki suluŋ]
brother	saudara lelaki	[saudara lelaki]
elder brother	kakak lelaki	[kaka' lelaki]
younger brother	adik lelaki	[adi' lelaki]
sister	saudara perempuan	[saudara perempuan]
elder sister	kakak perempuan	[kaka' perempuan]
younger sister	adik perempuan	[adi' perempuan]
cousin (masc.)	sepupu lelaki	[sepupu lelaki]
cousin (fem.)	sepupu perempuan	[sepupu perempuan]
mummy	mama, ibu	[mama], [ibu]
dad, daddy	papa, ayah	[papa], [ajah]
parents	orang tua	[oraŋ tua]
child	anak	[ana']
children	anak-anak	[ana'-ana']
grandmother	nenek	[nene']
grandfather	kakek	[kake']

grandson	cucu laki-laki	[ʧuʧu laki-laki]
granddaughter	cucu perempuan	[ʧuʧu pərempuan]
grandchildren	cucu	[ʧuʧu]
uncle	paman	[paman]
aunt	bibi	[bibi]
nephew	keponakan laki-laki	[keponakan laki-laki]
niece	keponakan perempuan	[keponakan perempuan]
mother-in-law (wife's mother)	ibu mertua	[ibu mertua]
father-in-law (husband's father)	ayah mertua	[ajah mertua]
son-in-law (daughter's husband)	menantu laki-laki	[mənantu laki-laki]
stepmother	ibu tiri	[ibu tiri]
stepfather	ayah tiri	[ajah tiri]
infant	bayi	[baji]
baby (infant)	bayi	[baji]
little boy, kid	bocah cilik	[boʧah ʧili?]
wife	istri	[istri]
husband	suami	[suami]
spouse (husband)	suami	[suami]
spouse (wife)	istri	[istri]
married (masc.)	menikah, beristri	[mənikah], [bəristri]
married (fem.)	menikah, bersuami	[mənikah], [bərsuami]
single (unmarried)	bujang	[buʤaŋ]
bachelor	bujang	[buʤaŋ]
divorced (masc.)	bercerai	[bərʧeraj]
widow	janda	[ʤʲanda]
widower	duda	[duda]
relative	kerabat	[kerabat]
close relative	kerabat dekat	[kerabat dekat]
distant relative	kerabat jauh	[kerabat ʤʲauh]
relatives	kerabat, sanak saudara	[kerabat], [sana? saudara]
orphan (boy or girl)	yatim piatu	[yatim piatu]
guardian (of a minor)	wali	[wali]
to adopt (a boy)	mengadopsi	[məŋadopsi]
to adopt (a girl)	mengadopsi	[məŋadopsi]

Medicine

47. Diseases

illness	penyakit	[penjakit]
to be ill	sakit	[sakit]
health	kesehatan	[kesehatan]
runny nose (coryza)	hidung meler	[hiduŋ meler]
tonsillitis	radang tonsil	[radaŋ tonsil]
cold (illness)	pilek, selesma	[pilek], [selesma]
to catch a cold	masuk angin	[masuʔ aŋin]
bronchitis	bronkitis	[bronkitis]
pneumonia	radang paru-paru	[radaŋ paru-paru]
flu, influenza	flu	[flu]
shortsighted (adj)	rabun jauh	[rabun dʒʲauh]
longsighted (adj)	rabun dekat	[rabun dekat]
strabismus (crossed eyes)	mata juling	[mata dʒʲuliŋ]
squint-eyed (adj)	bermata juling	[bərmata dʒʲuliŋ]
cataract	katarak	[kataraʔ]
glaucoma	glaukoma	[glaukoma]
stroke	stroke	[stroke]
heart attack	infark	[infarʔ]
myocardial infarction	serangan jantung	[seraŋan dʒʲantuŋ]
paralysis	kelumpuhan	[kelumpuhan]
to paralyse (vt)	melumpuhkan	[melumpuhkan]
allergy	alergi	[alergi]
asthma	asma	[asma]
diabetes	diabetes	[diabetes]
toothache	sakit gigi	[sakit gigi]
caries	karies	[karies]
diarrhoea	diare	[diare]
constipation	konstipasi, sembelit	[konstipasi], [sembelit]
stomach upset	gangguan pencernaan	[gaŋuan pentʃarnaʔan]
food poisoning	keracunan makanan	[keratʃunan makanan]
to get food poisoning	keracunan makanan	[keratʃunan makanan]
arthritis	artritis	[artritis]
rickets	rakitis	[rakitis]
rheumatism	rematik	[rematiʔ]
atherosclerosis	aterosklerosis	[aterosklerosis]
gastritis	radang perut	[radaŋ pərut]
appendicitis	apendisitis	[apendisitis]

| cholecystitis | radang pundi empedu | [radaŋ pundi empedu] |
| ulcer | tukak lambung | [tuka' lambuŋ] |

measles	penyakit campak	[penjakit tʃampa']
rubella (German measles)	penyakit campak Jerman	[penjakit tʃampa' dʒʲerman]
jaundice	sakit kuning	[sakit kuniŋ]
hepatitis	hepatitis	[hepatitis]

schizophrenia	skizofrenia	[skizofrenia]
rabies (hydrophobia)	rabies	[rabies]
neurosis	neurosis	[neurosis]
concussion	gegar otak	[gegar ota']

cancer	kanker	[kanker]
sclerosis	sklerosis	[sklerosis]
multiple sclerosis	sklerosis multipel	[sklerosis multipel]

alcoholism	alkoholisme	[alkoholisme]
alcoholic (n)	alkoholik	[alkoholi']
syphilis	sifilis	[sifilis]
AIDS	AIDS	[ajds]

tumour	tumor	[tumor]
malignant (adj)	ganas	[ganas]
benign (adj)	jinak	[dʒina']

fever	demam	[demam]
malaria	malaria	[malaria]
gangrene	gangren	[gaŋren]
seasickness	mabuk laut	[mabu' laut]
epilepsy	epilepsi	[epilepsi]

epidemic	epidemi	[epidemi]
typhus	tifus	[tifus]
tuberculosis	tuberkulosis	[tuberkulosis]
cholera	kolera	[kolera]
plague (bubonic ~)	penyakit pes	[penjakit pes]

48. Symptoms. Treatments. Part 1

symptom	gejala	[gedʒʲala]
temperature	temperatur, suhu	[temperatur], [suhu]
high temperature (fever)	temperatur tinggi	[temperatur tiŋgi]
pulse	denyut nadi	[denyut nadi]

dizziness (vertigo)	rasa pening	[rasa peniŋ]
hot (adj)	panas	[panas]
shivering	menggigil	[meŋgigil]
pale (e.g. ~ face)	pucat	[putʃat]

cough	batuk	[batu']
to cough (vi)	batuk	[batu']
to sneeze (vi)	bersin	[bersin]
faint	pingsan	[piŋsan]

to faint (vi)	**jatuh pingsan**	[dʒatuh piŋsan]
bruise (hématome)	**luka memar**	[luka memar]
bump (lump)	**bengkak**	[beŋkaʔ]
to bang (bump)	**terantuk**	[tərantuʔ]
contusion (bruise)	**luka memar**	[luka memar]
to get a bruise	**kena luka memar**	[kena luka memar]
to limp (vi)	**pincang**	[pintʃaŋ]
dislocation	**keseleo**	[keseleo]
to dislocate (vt)	**keseleo**	[keseleo]
fracture	**fraktura, patah tulang**	[fraktura], [patah tulaŋ]
to have a fracture	**patah tulang**	[patah tulaŋ]
cut (e.g. paper ~)	**teriris**	[təriris]
to cut oneself	**teriris**	[təriris]
bleeding	**perdarahan**	[pərdarahan]
burn (injury)	**luka bakar**	[luka bakar]
to get burned	**menderita luka bakar**	[mənderita luka bakar]
to prick (vt)	**menusuk**	[mənusuʔ]
to prick oneself	**tertusuk**	[tərtusuʔ]
to injure (vt)	**melukai**	[melukaj]
injury	**cedera**	[tʃedera]
wound	**luka**	[luka]
trauma	**trauma**	[trauma]
to be delirious	**mengigau**	[məŋigau]
to stutter (vi)	**gagap**	[gagap]
sunstroke	**sengatan matahari**	[seŋatan matahari]

49. Symptoms. Treatments. Part 2

pain, ache	**sakit**	[sakit]
splinter (in foot, etc.)	**selumbar**	[selumbar]
sweat (perspiration)	**keringat**	[keriŋat]
to sweat (perspire)	**berkeringat**	[bərkeriŋat]
vomiting	**muntah**	[muntah]
convulsions	**kram**	[kram]
pregnant (adj)	**hamil**	[hamil]
to be born	**lahir**	[lahir]
delivery, labour	**persalinan**	[pərsalinan]
to deliver (~ a baby)	**melahirkan**	[melahirkan]
abortion	**aborsi**	[aborsi]
breathing, respiration	**pernapasan**	[pərnapasan]
in-breath (inhalation)	**tarikan napas**	[tarikan napas]
out-breath (exhalation)	**napas keluar**	[napas keluar]
to exhale (breathe out)	**mengembuskan napas**	[məɲembuskan napas]
to inhale (vi)	**menarik napas**	[mənariʔ napas]
disabled person	**penderita cacat**	[penderita tʃatʃat]
cripple	**penderita cacat**	[penderita tʃatʃat]

drug addict	pecandu narkoba	[petʃandu narkoba]
deaf (adj)	tunarungu	[tunaruŋu]
mute (adj)	tunawicara	[tunawitʃara]
deaf mute (adj)	tunarungu-wicara	[tunaruŋu-witʃara]
mad, insane (adj)	gila	[gila]
madman (demented person)	lelaki gila	[lelaki gila]
madwoman	perempuan gila	[pərempuan gila]
to go insane	menggila	[məŋgila]
gene	gen	[gen]
immunity	imunitas	[imunitas]
hereditary (adj)	turun-temurun	[turun-temurun]
congenital (adj)	bawaan	[bawa'an]
virus	virus	[virus]
microbe	mikroba	[mikroba]
bacterium	bakteri	[bakteri]
infection	infeksi	[infeksi]

50. Symptoms. Treatments. Part 3

hospital	rumah sakit	[rumah sakit]
patient	pasien	[pasien]
diagnosis	diagnosis	[diagnosis]
cure	perawatan	[pərawatan]
medical treatment	pengobatan medis	[peɲobatan medis]
to get treatment	berobat	[bərobat]
to treat (~ a patient)	merawat	[merawat]
to nurse (look after)	merawat	[merawat]
care (nursing ~)	pengasuhan	[peɲasuhan]
operation, surgery	operasi, pembedahan	[operasi], [pembedahan]
to bandage (head, limb)	membalut	[membalut]
bandaging	pembalutan	[pembalutan]
vaccination	vaksinasi	[vaksinasi]
to vaccinate (vt)	memvaksinasi	[memvaksinasi]
injection	suntikan	[suntikan]
to give an injection	menyuntik	[mənyunti']
attack	serangan	[seraŋan]
amputation	amputasi	[amputasi]
to amputate (vt)	mengamputasi	[məŋamputasi]
coma	koma	[koma]
to be in a coma	dalam keadaan koma	[dalam keada'an koma]
intensive care	perawatan intensif	[pərawatan intensif]
to recover (~ from flu)	sembuh	[sembuh]
condition (patient's ~)	keadaan	[keada'an]
consciousness	kesadaran	[kesadaran]
memory (faculty)	memori, daya ingat	[memori], [daja iŋat]

to pull out (tooth)	mencabut	[mentʃabut]
filling	tambalan	[tambalan]
to fill (a tooth)	menambal	[mənambal]

| hypnosis | hipnosis | [hipnosis] |
| to hypnotize (vt) | menghipnosis | [məŋhipnosis] |

51. Doctors

doctor	dokter	[dokter]
nurse	suster, juru rawat	[suster], [dʒʲuru rawat]
personal doctor	dokter pribadi	[dokter pribadi]

dentist	dokter gigi	[dokter gigi]
optician	dokter mata	[dokter mata]
general practitioner	ahli penyakit dalam	[ahli penjakit dalam]
surgeon	dokter bedah	[dokter bedah]

psychiatrist	psikiater	[psikiater]
paediatrician	dokter anak	[dokter anaʔ]
psychologist	psikolog	[psikolog]
gynaecologist	ginekolog	[ginekolog]
cardiologist	kardiolog	[kardiolog]

52. Medicine. Drugs. Accessories

medicine, drug	obat	[obat]
remedy	obat	[obat]
to prescribe (vt)	meresepkan	[meresepkan]
prescription	resep	[resep]

tablet, pill	pil, tablet	[pil], [tablet]
ointment	salep	[salep]
ampoule	ampul	[ampul]
mixture	obat cair	[obat tʃajr]
syrup	sirop	[sirop]
pill	pil	[pil]
powder	bubuk	[bubuʔ]

gauze bandage	perban	[perban]
cotton wool	kapas	[kapas]
iodine	iodium	[iodium]

plaster	plester obat	[plester obat]
eyedropper	tetes mata	[tetes mata]
thermometer	termometer	[tərmometer]
syringe	alat suntik	[alat suntiʔ]

wheelchair	kursi roda	[kursi roda]
crutches	kruk	[kruʔ]
painkiller	obat bius	[obat bius]
laxative	laksatif, obat pencuci perut	[laksatif], [obat pentʃutʃi pərut]

spirits (ethanol)	**spiritus, alkohol**	[spiritus], [alkohol]
medicinal herbs	**tanaman obat**	[tanaman obat]
herbal (~ tea)	**herbal**	[herbal]

HUMAN HABITAT

City

53. City. Life in the city

city, town	kota	[kota]
capital city	ibu kota	[ibu kota]
village	desa	[desa]
city map	peta kota	[peta kota]
city centre	pusat kota	[pusat kota]
suburb	pinggir kota	[piŋgir kota]
suburban (adj)	pinggir kota	[piŋgir kota]
outskirts	pinggir	[piŋgir]
environs (suburbs)	daerah sekitarnya	[daerah sekitarɲa]
city block	blok	[bloʔ]
residential block (area)	blok perumahan	[bloʔ pərumahan]
traffic	lalu lintas	[lalu lintas]
traffic lights	lampu lalu lintas	[lampu lalu lintas]
public transport	angkot	[aŋkot]
crossroads	persimpangan	[pərsimpaŋan]
zebra crossing	penyeberangan	[peɲjeberaŋan]
pedestrian subway	terowongan penyeberangan	[tərowoŋan peɲjeberaŋan]
to cross (~ the street)	menyeberang	[məɲjeberaŋ]
pedestrian	pejalan kaki	[pedʒʲalan kaki]
pavement	trotoar	[trotoar]
bridge	jembatan	[dʒʲembatan]
embankment (river walk)	tepi sungai	[tepi suŋaj]
fountain	air mancur	[air mantʃur]
allée (garden walkway)	jalan kecil	[dʒʲalan ketʃil]
park	taman	[taman]
boulevard	bulevar, adimarga	[bulevar], [adimarga]
square	lapangan	[lapaŋan]
avenue (wide street)	jalan raya	[dʒʲalan raja]
street	jalan	[dʒʲalan]
side street	gang	[gaŋ]
dead end	jalan buntu	[dʒʲalan buntu]
house	rumah	[rumah]
building	gedung	[geduŋ]
skyscraper	pencakar langit	[pentʃakar laŋit]
facade	bagian depan	[bagian depan]

roof	atap	[atap]
window	jendela	[dʒlendela]
arch	lengkungan	[leŋkuŋan]
column	pilar	[pilar]
corner	sudut	[sudut]
shop window	etalase	[etalase]
signboard (store sign, etc.)	papan nama	[papan nama]
poster	poster	[poster]
advertising poster	poster iklan	[poster iklan]
hoarding	papan iklan	[papan iklan]
rubbish	sampah	[sampah]
rubbish bin	tong sampah	[toŋ sampah]
to litter (vi)	menyampah	[mənjampah]
rubbish dump	tempat pemrosesan akhir (TPA)	[tempat pemrosesan ahir]
telephone box	gardu telepon umum	[gardu telepon umum]
lamppost	tiang lampu	[tiaŋ lampu]
bench (park ~)	bangku	[baŋku]
police officer	polisi	[polisi]
police	polisi, kepolisian	[polisi], [kepolisian]
beggar	pengemis	[peŋemis]
homeless (n)	tuna wisma	[tuna wisma]

54. Urban institutions

shop	toko	[toko]
chemist, pharmacy	apotek, toko obat	[apotek], [toko obat]
optician (spectacles shop)	optik	[optiʔ]
shopping centre	toserba	[toserba]
supermarket	pasar swalayan	[pasar swalajan]
bakery	toko roti	[toko roti]
baker	pembuat roti	[pembuat roti]
cake shop	toko kue	[toko kue]
grocery shop	toko pangan	[toko paŋan]
butcher shop	toko daging	[toko dagiŋ]
greengrocer	toko sayur	[toko sajur]
market	pasar	[pasar]
coffee bar	warung kopi	[waruŋ kopi]
restaurant	restoran	[restoran]
pub, bar	kedai bir	[kedaj bir]
pizzeria	kedai piza	[kedaj piza]
hairdresser	salon rambut	[salon rambut]
post office	kantor pos	[kantor pos]
dry cleaners	penatu kimia	[penatu kimia]
photo studio	studio foto	[studio foto]
shoe shop	toko sepatu	[toko sepatu]

bookshop	**toko buku**	[toko buku]
sports shop	**toko alat olahraga**	[toko alat olahraga]
clothes repair shop	**reparasi pakaian**	[reparasi pakajan]
formal wear hire	**rental pakaian**	[rental pakajan]
video rental shop	**rental film**	[rental film]
circus	**sirkus**	[sirkus]
zoo	**kebun binatang**	[kebun binataŋ]
cinema	**bioskop**	[bioskop]
museum	**museum**	[museum]
library	**perpustakaan**	[pərpustaka'an]
theatre	**teater**	[teater]
opera (opera house)	**opera**	[opera]
nightclub	**klub malam**	[klub malam]
casino	**kasino**	[kasino]
mosque	**masjid**	[masdʒid]
synagogue	**sinagoga, kanisah**	[sinagoga], [kanisah]
cathedral	**katedral**	[katedral]
temple	**kuil, candi**	[kuil], [tʃandi]
church	**gereja**	[geredʒʲa]
college	**institut, perguruan tinggi**	[institut], [pərguruan tiŋgi]
university	**universitas**	[universitas]
school	**sekolah**	[sekolah]
prefecture	**prefektur, distrik**	[prefektur], [distriʔ]
town hall	**balai kota**	[balaj kota]
hotel	**hotel**	[hotel]
bank	**bank**	[banʔ]
embassy	**kedutaan besar**	[keduta'an besar]
travel agency	**kantor pariwisata**	[kantor pariwisata]
information office	**kantor penerangan**	[kantor peneraŋan]
currency exchange	**kantor penukaran uang**	[kantor penukaran uaŋ]
underground, tube	**kereta api bawah tanah**	[kereta api bawah tanah]
hospital	**rumah sakit**	[rumah sakit]
petrol station	**SPBU, stasiun bensin**	[es-pe-be-u], [stasjun bensin]
car park	**tempat parkir**	[tempat parkir]

55. Signs

signboard (store sign, etc.)	**papan nama**	[papan nama]
notice (door sign, etc.)	**tulisan**	[tulisan]
poster	**poster**	[poster]
direction sign	**penunjuk arah**	[penundʒʲuʔ arah]
arrow (sign)	**anak panah**	[anaʔ panah]
caution	**peringatan**	[periŋatan]
warning sign	**tanda peringatan**	[tanda periŋatan]

to warn (vt)	memperingatkan	[məmpəriŋatkan]
rest day (weekly ~)	hari libur	[hari libur]
timetable (schedule)	jadwal	[dʒ'adwal]
opening hours	jam buka	[dʒ'am buka]
WELCOME!	SELAMAT DATANG!	[selamat dataŋ!]
ENTRANCE	MASUK	[masuʔ]
WAY OUT	KELUAR	[keluar]
PUSH	DORONG	[doroŋ]
PULL	TARIK	[tariʔ]
OPEN	BUKA	[buka]
CLOSED	TUTUP	[tutup]
WOMEN	WANITA	[wanita]
MEN	PRIA	[pria]
DISCOUNTS	DISKON	[diskon]
SALE	OBRAL	[obral]
NEW!	BARU!	[baru!]
FREE	GRATIS	[gratis]
ATTENTION!	PERHATIAN!	[pərhatian!]
NO VACANCIES	PENUH	[penuh]
RESERVED	DIRESERVASI	[direservasi]
ADMINISTRATION	ADMINISTRASI	[administrasi]
STAFF ONLY	KHUSUS STAF	[husus staf]
BEWARE OF THE DOG!	AWAS, ANJING GALAK!	[awas], [andʒiŋ galaʔ!]
NO SMOKING	DILARANG MEROKOK!	[dilaraŋ merokoʔ!]
DO NOT TOUCH!	JANGAN SENTUH!	[dʒ'aŋan sentuh!]
DANGEROUS	BERBAHAYA	[bərbahaja]
DANGER	BAHAYA	[bahaja]
HIGH VOLTAGE	TEGANGAN TINGGI	[tegaŋan tiŋgi]
NO SWIMMING!	DILARANG BERENANG!	[dilaraŋ bərenaŋ!]
OUT OF ORDER	RUSAK	[rusaʔ]
FLAMMABLE	BAHAN MUDAH TERBAKAR	[bahan mudah tərbakar]
FORBIDDEN	DILARANG	[dilaraŋ]
NO TRESPASSING!	DILARANG MASUK!	[dilaraŋ masuʔ!]
WET PAINT	AWAS CAT BASAH	[awas tʃat basah]

56. Urban transport

bus, coach	bus	[bus]
tram	trem	[trem]
trolleybus	bus listrik	[bus listriʔ]
route (of bus, etc.)	trayek	[traeʔ]
number (e.g. bus ~)	nomor	[nomor]
to go by ...	naik ...	[naiʔ ...]
to get on (~ the bus)	naik	[naiʔ]

to get off ...	turun ...	[turun ...]
stop (e.g. bus ~)	halte, pemberhentian	[halte], [pemberhentian]
next stop	halte berikutnya	[halte bərikutnja]
terminus	halte terakhir	[halte tərahir]
timetable	jadwal	[dʒʲadwal]
to wait (vt)	menunggu	[mənuŋgu]
ticket	tiket	[tiket]
fare	harga karcis	[harga kartʃis]
cashier (ticket seller)	kasir	[kasir]
ticket inspection	pemeriksaan tiket	[pemeriksa'an tiket]
ticket inspector	kondektur	[kondektur]
to be late (for ...)	terlambat ...	[tərlambat ...]
to miss (~ the train, etc.)	ketinggalan	[ketiŋgalan]
to be in a hurry	tergesa-gesa	[tərgesa-gesa]
taxi, cab	taksi	[taksi]
taxi driver	sopir taksi	[sopir taksi]
by taxi	naik taksi	[nai' taksi]
taxi rank	pangkalan taksi	[paŋkalan taksi]
to call a taxi	memanggil taksi	[memaŋgil taksi]
to take a taxi	menaiki taksi	[mənajki taksi]
traffic	lalu lintas	[lalu lintas]
traffic jam	kemacetan lalu lintas	[kematʃetan lalu lintas]
rush hour	jam sibuk	[dʒʲam sibu']
to park (vi)	parkir	[parkir]
to park (vt)	memarkir	[memarkir]
car park	tempat parkir	[tempat parkir]
underground, tube	kereta api bawah tanah	[kereta api bawah tanah]
station	stasiun	[stasiun]
to take the tube	naik kereta api bawah tanah	[nai' kereta api bawah tanah]
train	kereta api	[kereta api]
train station	stasiun kereta api	[stasiun kereta api]

57. Sightseeing

monument	monumen, patung	[monumen], [patuŋ]
fortress	benteng	[benteŋ]
palace	istana	[istana]
castle	kastil	[kastil]
tower	menara	[mənara]
mausoleum	mausoleum	[mausoleum]
architecture	arsitektur	[arsitektur]
medieval (adj)	abad pertengahan	[abad pərteŋahan]
ancient (adj)	kuno	[kuno]
national (adj)	nasional	[nasional]
famous (monument, etc.)	terkenal	[tərkenal]
tourist	turis, wisatawan	[turis], [wisatawan]

guide (person)	pemandu wisata	[pemandu wisata]
excursion, sightseeing tour	ekskursi	[ekskursi]
to show (vt)	menunjukkan	[mənundʒʲuʔkan]
to tell (vt)	menceritakan	[məntʃeritakan]
to find (vt)	mendapatkan	[məndapatkan]
to get lost (lose one's way)	tersesat	[tərsesat]
map (e.g. underground ~)	denah	[denah]
map (e.g. city ~)	peta	[peta]
souvenir, gift	suvenir	[suvenir]
gift shop	toko suvenir	[toko suvenir]
to take pictures	memotret	[memotret]
to have one's picture taken	berfoto	[bərfoto]

58. Shopping

to buy (purchase)	membeli	[membeli]
shopping	belanjaan	[belandʒʲaʾan]
to go shopping	berbelanja	[bərbelandʒʲa]
shopping	berbelanja	[bərbelandʒʲa]
to be open (ab. shop)	buka	[buka]
to be closed	tutup	[tutup]
footwear, shoes	sepatu	[sepatu]
clothes, clothing	pakaian	[pakajan]
cosmetics	kosmetik	[kosmetiʔ]
food products	produk makanan	[produʾ makanan]
gift, present	hadiah	[hadiah]
shop assistant (masc.)	pramuniaga	[pramuniaga]
shop assistant (fem.)	pramuniaga perempuan	[pramuniaga pərempuan]
cash desk	kas	[kas]
mirror	cermin	[tʃermin]
counter (shop ~)	konter	[konter]
fitting room	kamar pas	[kamar pas]
to try on	mengepas	[məŋepas]
to fit (ab. dress, etc.)	pas, cocok	[pas], [tʃotʃoʾ]
to fancy (vt)	suka	[suka]
price	harga	[harga]
price tag	label harga	[label harga]
to cost (vt)	berharga	[bərharga]
How much?	Berapa?	[bərapa?]
discount	diskon	[diskon]
inexpensive (adj)	tidak mahal	[tidaʾ mahal]
cheap (adj)	murah	[murah]
expensive (adj)	mahal	[mahal]
It's expensive	Ini mahal	[ini mahal]
hire (n)	rental, persewaan	[rental], [pərsewaʾan]

to hire (~ a dinner jacket)	menyewa	[mənjewa]
credit (trade credit)	kredit	[kredit]
on credit (adv)	secara kredit	[setʃara kredit]

59. Money

money	uang	[uaŋ]
currency exchange	pertukaran mata uang	[pərtukaran mata uaŋ]
exchange rate	nilai tukar	[nilaj tukar]
cashpoint	Anjungan Tunai Mandiri, ATM	[andʒʲuŋan tunaj mandiri], [a-te-em]
coin	koin	[koin]
dollar	dolar	[dolar]
euro	euro	[euro]
lira	lira	[lira]
Deutschmark	Mark Jerman	[marʔ dʒʲerman]
franc	franc	[frantʃ]
pound sterling	poundsterling	[paundsterliŋ]
yen	yen	[yen]
debt	utang	[utaŋ]
debtor	pengutang	[peŋutaŋ]
to lend (money)	meminjamkan	[memindʒʲamkan]
to borrow (vi, vt)	meminjam	[memindʒʲam]
bank	bank	[banʔ]
account	rekening	[rekeniŋ]
to deposit (vt)	memasukkan	[memasuʔkan]
to deposit into the account	memasukkan ke rekening	[memasuʔkan ke rekeniŋ]
to withdraw (vt)	menarik uang	[mənariʔ uaŋ]
credit card	kartu kredit	[kartu kredit]
cash	uang kontan, uang tunai	[uaŋ kontan], [uaŋ tunaj]
cheque	cek	[tʃeʔ]
to write a cheque	menulis cek	[mənulis tʃeʔ]
chequebook	buku cek	[buku tʃeʔ]
wallet	dompet	[dompet]
purse	dompet, pundi-pundi	[dompet], [pundi-pundi]
safe	brankas	[brankas]
heir	pewaris	[pewaris]
inheritance	warisan	[warisan]
fortune (wealth)	kekayaan	[kekajaʔan]
lease	sewa	[sewa]
rent (money)	uang sewa	[uaŋ sewa]
to rent (sth from sb)	menyewa	[mənjewa]
price	harga	[harga]
cost	harga	[harga]
sum	jumlah	[dʒʲumlah]

to spend (vt)	menghabiskan	[mənhabiskan]
expenses	ongkos	[oŋkos]
to economize (vi, vt)	menghemat	[mənhemat]
economical	hemat	[hemat]

to pay (vi, vt)	membayar	[membajar]
payment	pembayaran	[pembajaran]
change (give the ~)	kembalian	[kembalian]

tax	pajak	[padʒʲaʔ]
fine	denda	[denda]
to fine (vt)	mendenda	[məndenda]

60. Post. Postal service

post office	kantor pos	[kantor pos]
post (letters, etc.)	surat	[surat]
postman	tukang pos	[tukaŋ pos]
opening hours	jam buka	[dʒʲam buka]

letter	surat	[surat]
registered letter	surat tercatat	[surat tərtʃatat]
postcard	kartu pos	[kartu pos]
telegram	telegram	[telegram]
parcel	parsel, paket pos	[parsel], [paket pos]
money transfer	wesel pos	[wesel pos]

to receive (vt)	menerima	[mənerima]
to send (vt)	mengirim	[məŋirim]
sending	pengiriman	[peŋiriman]

address	alamat	[alamat]
postcode	kode pos	[kode pos]
sender	pengirim	[peŋirim]
receiver	penerima	[penerima]

| name (first name) | nama | [nama] |
| surname (last name) | nama keluarga | [nama keluarga] |

postage rate	tarif	[tarif]
standard (adj)	biasa, standar	[biasa], [standar]
economical (adj)	ekonomis	[ekonomis]

weight	berat	[berat]
to weigh (~ letters)	menimbang	[mənimbaŋ]
envelope	amplop	[amplop]
postage stamp	prangko	[praŋko]
to stamp an envelope	menempelkan prangko	[mənempelkan praŋko]

Dwelling. House. Home

61. House. Electricity

electricity	listrik	[listriʔ]
light bulb	bohlam	[bohlam]
switch	sakelar	[sakelar]
fuse (plug fuse)	sekring	[sekriŋ]
cable, wire (electric ~)	kabel, kawat	[kabel], [kawat]
wiring	rangkaian kabel	[raŋkajan kabel]
electricity meter	meteran listrik	[meteran listriʔ]
readings	pencatatan	[pentʃatatan]

62. Villa. Mansion

country house	rumah luar kota	[rumah luar kota]
country-villa	vila	[vila]
wing (~ of a building)	sayap	[sajap]
garden	kebun	[kebun]
park	taman	[taman]
tropical glasshouse	rumah kaca	[rumah katʃa]
to look after (garden, etc.)	memelihara	[memelihara]
swimming pool	kolam renang	[kolam renaŋ]
gym (home gym)	gym	[dʒim]
tennis court	lapangan tenis	[lapaŋan tenis]
home theater (room)	bioskop rumah	[bioskop rumah]
garage	garasi	[garasi]
private property	milik pribadi	[miliʔ pribadi]
private land	tanah pribadi	[tanah pribadi]
warning (caution)	peringatan	[periŋatan]
warning sign	tanda peringatan	[tanda periŋatan]
security	keamanan	[keamanan]
security guard	satpam, pengawal	[satpam], [peŋawal]
burglar alarm	alarm antirampok	[alarm antirampoʔ]

63. Flat

flat	apartemen	[apartemen]
room	kamar	[kamar]
bedroom	kamar tidur	[kamar tidur]

dining room	ruang makan	[ruaŋ makan]
living room	ruang tamu	[ruaŋ tamu]
study (home office)	ruang kerja	[ruaŋ kerdʒʲa]
entry room	ruang depan	[ruaŋ depan]
bathroom	kamar mandi	[kamar mandi]
water closet	kamar kecil	[kamar ketʃil]
ceiling	plafon, langit-langit	[plafon], [laŋit-laŋit]
floor	lantai	[lantaj]
corner	sudut	[sudut]

64. Furniture. Interior

furniture	mebel	[mebel]
table	meja	[medʒʲa]
chair	kursi	[kursi]
bed	ranjang	[randʒʲaŋ]
sofa, settee	dipan	[dipan]
armchair	kursi malas	[kursi malas]
bookcase	lemari buku	[lemari buku]
shelf	rak	[ra']
wardrobe	lemari pakaian	[lemari pakajan]
coat rack (wall-mounted ~)	kapstok	[kapsto']
coat stand	kapstok berdiri	[kapsto' bərdiri]
chest of drawers	lemari laci	[lemari latʃi]
coffee table	meja kopi	[medʒʲa kopi]
mirror	cermin	[tʃermin]
carpet	permadani	[pərmadani]
small carpet	karpet kecil	[karpet ketʃil]
fireplace	perapian	[pərapian]
candle	lilin	[lilin]
candlestick	kaki lilin	[kaki lilin]
drapes	gorden	[gorden]
wallpaper	kertas dinding	[kertas dindiŋ]
blinds (jalousie)	kerai	[keraj]
table lamp	lampu meja	[lampu medʒʲa]
wall lamp (sconce)	lampu dinding	[lampu dindiŋ]
standard lamp	lampu lantai	[lampu lantaj]
chandelier	lampu bercabang	[lampu bərtʃabaŋ]
leg (of chair, table)	kaki	[kaki]
armrest	lengan	[leŋan]
back (backrest)	sandaran	[sandaran]
drawer	laci	[latʃi]

65. Bedding

bedclothes	**kain kasur**	[kain kasur]
pillow	**bantal**	[bantal]
pillowslip	**sarung bantal**	[saruŋ bantal]
duvet	**selimut**	[selimut]
sheet	**seprai**	[sepraj]
bedspread	**selubung kasur**	[selubuŋ kasur]

66. Kitchen

kitchen	**dapur**	[dapur]
gas	**gas**	[gas]
gas cooker	**kompor gas**	[kompor gas]
electric cooker	**kompor listrik**	[kompor listriʔ]
oven	**oven**	[oven]
microwave oven	**microwave**	[majkrowav]
refrigerator	**lemari es, kulkas**	[lemari es], [kulkas]
freezer	**lemari pembeku**	[lemari pembeku]
dishwasher	**mesin pencuci piring**	[mesin pentʃutʃi piriŋ]
mincer	**alat pelumat daging**	[alat pelumat dagiŋ]
juicer	**mesin sari buah**	[mesin sari buah]
toaster	**alat pemanggang roti**	[alat pemaŋgaŋ roti]
mixer	**pencampur**	[pentʃampur]
coffee machine	**mesin pembuat kopi**	[mesin pembuat kopi]
coffee pot	**teko kopi**	[teko kopi]
coffee grinder	**mesin penggiling kopi**	[mesin peŋgiliŋ kopi]
kettle	**cerek**	[tʃereʔ]
teapot	**teko**	[teko]
lid	**tutup**	[tutup]
tea strainer	**saringan teh**	[sariŋan teh]
spoon	**sendok**	[sendoʔ]
teaspoon	**sendok teh**	[sendoʔ teh]
soup spoon	**sendok makan**	[sendoʔ makan]
fork	**garpu**	[garpu]
knife	**pisau**	[pisau]
tableware (dishes)	**piring mangkuk**	[piriŋ maŋkuʔ]
plate (dinner ~)	**piring**	[piriŋ]
saucer	**alas cangkir**	[alas tʃaŋkir]
shot glass	**seloki**	[seloki]
glass (tumbler)	**gelas**	[gelas]
cup	**cangkir**	[tʃaŋkir]
sugar bowl	**wadah gula**	[wadah gula]
salt cellar	**wadah garam**	[wadah garam]
pepper pot	**wadah merica**	[wadah meritʃa]

butter dish	**wadah mentega**	[wadah mentega]
stock pot (soup pot)	**panci**	[pantʃi]
frying pan (skillet)	**kuali**	[kuali]
ladle	**sudu**	[sudu]
colander	**saringan**	[sariŋan]
tray (serving ~)	**talam**	[talam]
bottle	**botol**	[botol]
jar (glass)	**gelas**	[gelas]
tin (can)	**kaleng**	[kaleŋ]
bottle opener	**pembuka botol**	[pembuka botol]
tin opener	**pembuka kaleng**	[pembuka kaleŋ]
corkscrew	**kotrek**	[kotreʔ]
filter	**saringan**	[sariŋan]
to filter (vt)	**saringan**	[sariŋan]
waste (food ~, etc.)	**sampah**	[sampah]
waste bin (kitchen ~)	**tong sampah**	[toŋ sampah]

67. Bathroom

bathroom	**kamar mandi**	[kamar mandi]
water	**air**	[air]
tap	**keran**	[keran]
hot water	**air panas**	[air panas]
cold water	**air dingin**	[air diŋin]
toothpaste	**pasta gigi**	[pasta gigi]
to clean one's teeth	**menggosok gigi**	[meŋgosoʔ gigi]
toothbrush	**sikat gigi**	[sikat gigi]
to shave (vi)	**bercukur**	[bertʃukur]
shaving foam	**busa cukur**	[busa tʃukur]
razor	**pisau cukur**	[pisau tʃukur]
to wash (one's hands, etc.)	**mencuci**	[mentʃutʃi]
to have a bath	**mandi**	[mandi]
shower	**pancuran**	[pantʃuran]
to have a shower	**mandi pancuran**	[mandi pantʃuran]
bath	**bak mandi**	[baʔ mandi]
toilet (toilet bowl)	**kloset**	[kloset]
sink (washbasin)	**wastafel**	[wastafel]
soap	**sabun**	[sabun]
soap dish	**wadah sabun**	[wadah sabun]
sponge	**spons**	[spons]
shampoo	**sampo**	[sampo]
towel	**handuk**	[handuʔ]
bathrobe	**jubah mandi**	[dʒubah mandi]
laundry (process)	**pencucian**	[pentʃutʃian]
washing machine	**mesin cuci**	[mesin tʃutʃi]

| to do the laundry | mencuci | [mentʃutʃi] |
| washing powder | deterjen cuci | [deterdʒien tʃutʃi] |

68. Household appliances

TV, telly	pesawat TV	[pesawat ti-vi]
tape recorder	alat perekam	[alat perekam]
video	video, VCR	[vidio], [vi-si-er]
radio	radio	[radio]
player (CD, MP3, etc.)	pemutar	[pemutar]

video projector	proyektor video	[proektor video]
home cinema	bioskop rumah	[bioskop rumah]
DVD player	pemutar DVD	[pemutar di-vi-di]
amplifier	penguat	[peŋuat]
video game console	konsol permainan video	[konsol pərmajnan video]

video camera	kamera video	[kamera video]
camera (photo)	kamera	[kamera]
digital camera	kamera digital	[kamera digital]

vacuum cleaner	pengisap debu	[peɲisap debu]
iron (e.g. steam ~)	setrika	[setrika]
ironing board	papan setrika	[papan setrika]

telephone	telepon	[telepon]
mobile phone	ponsel	[ponsel]
typewriter	mesin ketik	[mesin ketiʔ]
sewing machine	mesin jahit	[mesin dʒiahit]

microphone	mikrofon	[mikrofon]
headphones	headphone, fonkepala	[headphone], [fonkepala]
remote control (TV)	panel kendali	[panel kendali]

CD, compact disc	cakram kompak	[tʃakram kompaʔ]
cassette, tape	kaset	[kaset]
vinyl record	piringan hitam	[piriŋan hitam]

Job. Business. Part 1

69. Office. Working in the office

office (company ~)	kantor	[kantor]
office (of director, etc.)	ruang kerja	[ruaŋ kerdʒ'a]
reception desk	resepsionis kantor	[resepsionis kantor]
secretary	sekretaris	[sekretaris]
secretary (fem.)	sekretaris	[sekretaris]
director	direktur	[direktur]
manager	manajer	[manadʒ'er]
accountant	akuntan	[akuntan]
employee	karyawan	[karjawan]
furniture	mebel	[mebel]
desk	meja	[medʒ'a]
desk chair	kursi malas	[kursi malas]
drawer unit	meja samping ranjang	[medʒ'a sampiŋ randʒ'aŋ]
coat stand	kapstok berdiri	[kapsto' berdiri]
computer	komputer	[komputer]
printer	printer, pencetak	[printer], [pentʃeta']
fax machine	mesin faks	[mesin faks]
photocopier	mesin fotokopi	[mesin fotokopi]
paper	kertas	[kertas]
office supplies	alat tulis kantor	[alat tulis kantor]
mouse mat	bantal tetikus	[bantal tetikus]
sheet of paper	lembar	[lembar]
binder	map	[map]
catalogue	katalog	[katalog]
phone directory	buku telepon	[buku telepon]
documentation	dokumentasi	[dokumentasi]
brochure (e.g. 12 pages ~)	brosur	[brosur]
leaflet (promotional ~)	selebaran	[selebaran]
sample	sampel, contoh	[sampel], [tʃontoh]
training meeting	latihan	[latihan]
meeting (of managers)	rapat	[rapat]
lunch time	waktu makan siang	[waktu makan siaŋ]
to make a copy	membuat salinan	[membuat salinan]
to make multiple copies	memperbanyak	[memperbanja']
to receive a fax	menerima faks	[mənerima faks]
to send a fax	mengirim faks	[məŋirim faks]
to call (by phone)	menelepon	[mənelepon]
to answer (vt)	menjawab	[məndʒ'awab]

to put through	menyambungkan	[mənjambuŋkan]
to arrange, to set up	menetapkan	[mənetapkan]
to demonstrate (vt)	memeragakan	[memeragakan]
to be absent	absen, tidak hadir	[absen], [tida' hadir]
absence	absensi, ketidakhadiran	[absensi], [ketidahadiran]

70. Business processes. Part 1

business	bisnis	[bisnis]
occupation	urusan	[urusan]
firm	firma	[firma]
company	maskapai	[maskapaj]
corporation	korporasi	[korporasi]
enterprise	perusahaan	[pərusaha'an]
agency	biro, kantor	[biro], [kantor]
agreement (contract)	perjanjian	[pərdʒˈandʒian]
contract	kontrak	[kontraʔ]
deal	transaksi	[transaksi]
order (to place an ~)	pesanan	[pesanan]
terms (of the contract)	syarat	[ʃarat]
wholesale (adv)	grosir	[grosir]
wholesale (adj)	grosir	[grosir]
wholesale (n)	penjualan grosir	[pendʒˈualan grosir]
retail (adj)	eceran	[etʃeran]
retail (n)	pengeceran	[peŋetʃeran]
competitor	kompetitor, pesaing	[kompetitor], [pesajŋ]
competition	kompetisi, persaingan	[kompetisi], [pərsajŋan]
to compete (vi)	bersaing	[bərsajŋ]
partner (associate)	mitra	[mitra]
partnership	kemitraan	[kemitra'an]
crisis	krisis	[krisis]
bankruptcy	kebangkrutan	[kebaŋkrutan]
to go bankrupt	jatuh bangkrut	[dʒˈatuh baŋkrut]
difficulty	kesukaran	[kesukaran]
problem	masalah	[masalah]
catastrophe	gagal total	[gagal total]
economy	ekonomi	[ekonomi]
economic (~ growth)	ekonomi	[ekonomi]
economic recession	resesi ekonomi	[resesi ekonomi]
goal (aim)	tujuan	[tudʒˈuan]
task	tugas	[tugas]
to trade (vi)	berdagang	[bərdagaŋ]
network (distribution ~)	jaringan	[dʒˈariŋan]
inventory (stock)	inventaris	[inventaris]
range (assortment)	penyortiran	[penjortiran]

leader (leading company)	**pemimpin**	[pemimpin]
large (~ company)	**besar**	[besar]
monopoly	**monopoli**	[monopoli]
theory	**teori**	[teori]
practice	**praktik**	[prakti']
experience (in my ~)	**pengalaman**	[peŋalaman]
trend (tendency)	**tendensi**	[tendensi]
development	**perkembangan**	[pərkembaŋan]

71. Business processes. Part 2

profit (foregone ~)	**keuntungan**	[keuntuŋan]
profitable (~ deal)	**menguntungkan**	[məŋuntuŋkan]
delegation (group)	**delegasi**	[delegasi]
salary	**gaji, upah**	[gadʒi], [upah]
to correct (an error)	**mengoreksi**	[məŋoreksi]
business trip	**perjalanan dinas**	[pərdʒalanan dinas]
commission	**panitia**	[panitia]
to control (vt)	**mengontrol**	[məŋontrol]
conference	**konferensi**	[konferensi]
licence	**lisensi, izin**	[lisensi], [izin]
reliable (~ partner)	**yang bisa dipercaya**	[yaŋ bisa dipertʃaja]
initiative (undertaking)	**inisiatif**	[inisiatif]
norm (standard)	**norma**	[norma]
circumstance	**keadaan sekitar**	[keada'an sekitar]
duty (of employee)	**tugas**	[tugas]
organization (company)	**organisasi**	[organisasi]
organization (process)	**pengurusan**	[peŋurusan]
organized (adj)	**terurus**	[tərurus]
cancellation	**pembatalan**	[pembatalan]
to cancel (call off)	**membatalkan**	[membatalkan]
report (official ~)	**laporan**	[laporan]
patent	**paten**	[paten]
to patent (obtain patent)	**mematenkan**	[mematenkan]
to plan (vt)	**merencanakan**	[merentʃanakan]
bonus (money)	**bonus**	[bonus]
professional (adj)	**profesional**	[profesional]
procedure	**prosedur**	[prosedur]
to examine (contract, etc.)	**mempertimbangkan**	[mempertimbaŋkan]
calculation	**perhitungan**	[pərhituŋan]
reputation	**reputasi**	[reputasi]
risk	**risiko**	[risiko]
to manage, to run	**memimpin**	[memimpin]
information	**data, informasi**	[data], [informasi]
property	**milik**	[mili']

union	**persatuan, serikat**	[pərsatuan], [serikat]
life insurance	**asuransi jiwa**	[asuransi dʒiwa]
to insure (vt)	**mengasuransikan**	[məŋasuransikan]
insurance	**asuransi**	[asuransi]
auction (~ sale)	**lelang**	[leIaŋ]
to notify (inform)	**memberitahu**	[memberitahu]
management (process)	**manajemen**	[manadʒʲemen]
service (~ industry)	**jasa**	[dʒʲasa]
forum	**forum**	[forum]
to function (vi)	**berfungsi**	[bərfuŋsi]
stage (phase)	**tahap**	[tahap]
legal (~ services)	**hukum**	[hukum]
lawyer (legal advisor)	**ahli hukum**	[ahli hukum]

72. Production. Works

plant	**pabrik**	[pabriʔ]
factory	**pabrik**	[pabriʔ]
workshop	**bengkel**	[beŋkel]
works, production site	**perusahaan**	[perusahaʔan]
industry (manufacturing)	**industri**	[industri]
industrial (adj)	**industri**	[industri]
heavy industry	**industri berat**	[industri berat]
light industry	**industri ringan**	[industri riŋan]
products	**produksi**	[produksi]
to produce (vt)	**memproduksi**	[memproduksi]
raw materials	**bahan baku**	[bahan baku]
foreman (construction ~)	**mandor**	[mandor]
workers team (crew)	**regu pekerja**	[regu pekerdʒʲa]
worker	**buruh, pekerja**	[buruh], [pekerdʒʲa]
working day	**hari kerja**	[hari kerdʒʲa]
pause (rest break)	**perhentian**	[pərhentian]
meeting	**rapat**	[rapat]
to discuss (vt)	**membicarakan**	[membitʃarakan]
plan	**rencana**	[rentʃana]
to fulfil the plan	**melaksanakan rencana**	[melaksanakan rentʃana]
rate of output	**kecepatan produksi**	[ketʃepatan produksi]
quality	**kualitas, mutu**	[kualitas], [mutu]
control (checking)	**kontrol, kendali**	[kontrol], [kendali]
quality control	**kendali mutu**	[kendali mutu]
workplace safety	**keselamatan kerja**	[keselamatan kerdʒʲa]
discipline	**disiplin**	[disiplin]
violation (of safety rules, etc.)	**pelanggaran**	[pelaŋgaran]
to violate (rules)	**melanggar**	[melaŋgar]
strike	**pemogokan**	[pemogokan]
striker	**pemogok**	[pemogoʔ]

| to be on strike | mogok | [mogoʔ] |
| trade union | serikat pekerja | [serikat pekerdʒʲa] |

to invent (machine, etc.)	menemukan	[mənemukan]
invention	penemuan	[penemuan]
research	riset, penelitian	[riset], [penelitian]
to improve (make better)	memperbaiki	[memperbajki]
technology	teknologi	[teknologi]
technical drawing	gambar teknik	[gambar tekniʔ]

load, cargo	muatan	[muatan]
loader (person)	kuli	[kuli]
to load (vehicle, etc.)	memuat	[memuat]
loading (process)	pemuatan	[pemuatan]
to unload (vi, vt)	membongkar	[memboŋkar]
unloading	pembongkaran	[pemboŋkaran]

transport	transportasi, angkutan	[transportasi], [aŋkutan]
transport company	perusahaan transportasi	[perusahaʔan transportasi]
to transport (vt)	mengangkut	[məŋaŋkut]

wagon	gerbong barang	[gerboŋ baraŋ]
tank (e.g., oil ~)	tangki	[taŋki]
lorry	truk	[truʔ]

| machine tool | mesin | [mesin] |
| mechanism | mekanisme | [mekanisme] |

industrial waste	limbah industri	[limbah industri]
packing (process)	pengemasan	[peŋemasan]
to pack (vt)	mengemas	[məŋemas]

73. Contract. Agreement

contract	kontrak	[kontraʔ]
agreement	perjanjian	[pərdʒʲandʒian]
addendum	lampiran	[lampiran]

to sign a contract	menandatangani kontrak	[mənandataŋani kontraʔ]
signature	tanda tangan	[tanda taŋan]
to sign (vt)	menandatangani	[mənandataŋani]
seal (stamp)	cap	[ʧap]

subject of contract	subjek perjanjian	[subdʒʲeʔ pərdʒʲandʒian]
clause	ayat, pasal	[ajat], [pasal]
parties (in contract)	pihak	[pihaʔ]
legal address	alamat sah	[alamat sah]

to violate the contract	melanggar kontrak	[melaŋgar kontraʔ]
commitment (obligation)	komitmen, kewajiban	[komitmen], [kewadʒiban]
responsibility	tanggung jawab	[taŋguŋ dʒʲawab]
force majeure	keadaan kahar	[keadaʔan kahar]
dispute	sengketa	[seŋketa]
penalties	sanksi, penalti	[sanksi], [penalti]

74. Import & Export

import	**impor**	[impor]
importer	**importir**	[importir]
to import (vt)	**mengimpor**	[məŋimpor]
import (as adj.)	**impor**	[impor]
export (exportation)	**ekspor**	[ekspor]
exporter	**eksportir**	[eksportir]
to export (vi, vt)	**mengekspor**	[məŋekspor]
export (as adj.)	**ekspor**	[ekspor]
goods (merchandise)	**barang dagangan**	[baraŋ dagaŋan]
consignment, lot	**partai**	[partaj]
weight	**berat**	[berat]
volume	**volume, isi**	[volume], [isi]
cubic metre	**meter kubik**	[meter kubiʔ]
manufacturer	**produsen**	[produsen]
transport company	**perusahaan transportasi**	[pərusahaʔan transportasi]
container	**peti kemas**	[peti kemas]
border	**perbatasan**	[pərbatasan]
customs	**pabean**	[pabean]
customs duty	**bea cukai**	[bea ʧukaj]
customs officer	**petugas pabean**	[petugas pabean]
smuggling	**penyelundupan**	[penjelundupan]
contraband (smuggled goods)	**barang-barang selundupan**	[baraŋ-baraŋ selundupan]

75. Finances

share, stock	**saham**	[saham]
bond (certificate)	**obligasi**	[obligasi]
promissory note	**wesel**	[wesel]
stock exchange	**bursa efek**	[bursa efeʔ]
stock price	**kurs saham**	[kurs saham]
to go down (become cheaper)	**menjadi murah**	[mənʤadi murah]
to go up (become more expensive)	**menjadi mahal**	[mənʤadi mahal]
share	**kepemilikan saham**	[kepemilikan saham]
controlling interest	**mayoritas saham**	[majoritas saham]
investment	**investasi**	[investasi]
to invest (vt)	**berinvestasi**	[bərinvestasi]
percent	**persen**	[pərsen]
interest (on investment)	**suku bunga**	[suku buŋa]
profit	**profit, untung**	[profit], [untuŋ]
profitable (adj)	**beruntung**	[bəruntuŋ]

tax	**pajak**	[padʒiaʔ]
currency (foreign ~)	**valas**	[valas]
national (adj)	**nasional**	[nasional]
exchange (currency ~)	**pertukaran**	[pərtukaran]
accountant	**akuntan**	[akuntan]
accounting	**akuntansi**	[akuntansi]
bankruptcy	**kebangkrutan**	[kebaŋkrutan]
collapse, ruin	**keruntuhan**	[keruntuhan]
ruin	**kebangkrutan**	[kebaŋkrutan]
to be ruined (financially)	**bangkrut**	[baŋkrut]
inflation	**inflasi**	[inflasi]
devaluation	**devaluasi**	[devaluasi]
capital	**modal**	[modal]
income	**pendapatan**	[pendapatan]
turnover	**omzet**	[omzet]
resources	**sumber daya**	[sumber daja]
monetary resources	**dana**	[dana]
overheads	**beaya umum**	[beaja umum]
to reduce (expenses)	**mengurangi**	[məŋuraŋi]

76. Marketing

marketing	**pemasaran**	[pemasaran]
market	**pasar**	[pasar]
market segment	**segmen pasar**	[segmen pasar]
product	**produk**	[produʔ]
goods (merchandise)	**barang dagangan**	[baraŋ dagaŋan]
brand	**merek**	[mereʔ]
trademark	**merek dagang**	[mereʔ dagaŋ]
logotype	**logo dagang**	[logo dagaŋ]
logo	**logo**	[logo]
demand	**permintaan**	[pərmintaʔan]
supply	**penawaran**	[penawaran]
need	**kebutuhan**	[kebutuhan]
consumer	**konsumen**	[konsumen]
analysis	**analisis**	[analisis]
to analyse (vt)	**menganalisis**	[məŋanalisis]
positioning	**pemosisian**	[pemosisian]
to position (vt)	**memosisikan**	[memosisikan]
price	**harga**	[harga]
pricing policy	**politik harga**	[politiʔ harga]
price formation	**penentuan harga**	[penentuan harga]

77. Advertising

advertising	iklan	[iklan]
to advertise (vt)	mengiklankan	[məŋiklankan]
budget	anggaran belanja	[aŋgaran belandʒʲa]
ad, advertisement	iklan	[iklan]
TV advertising	iklan TV	[iklan ti-vi]
radio advertising	iklan radio	[iklan radio]
outdoor advertising	iklan luar ruangan	[iklan luar ruaŋan]
mass medias	media massa	[media massa]
periodical (n)	terbitan berkala	[tərbitan bərkala]
image (public appearance)	citra	[tʃitra]
slogan	slogan, semboyan	[slogan], [semboyan]
motto (maxim)	moto	[moto]
campaign	kampanye	[kampanje]
advertising campaign	kampanye iklan	[kampanje iklan]
target group	khalayak sasaran	[halaja' sasaran]
business card	kartu nama	[kartu nama]
leaflet (promotional ~)	selebaran	[selebaran]
brochure (e.g. 12 pages ~)	brosur	[brosur]
pamphlet	pamflet	[pamflet]
newsletter	buletin	[buletin]
signboard (store sign, etc.)	papan nama	[papan nama]
poster	poster	[poster]
hoarding	papan iklan	[papan iklan]

78. Banking

bank	bank	[banʔ]
branch (of bank, etc.)	cabang	[tʃabaŋ]
consultant	konsultan	[konsultan]
manager (director)	manajer	[manadʒʲer]
bank account	rekening	[rekeniŋ]
account number	nomor rekening	[nomor rekeniŋ]
current account	rekening koran	[rekeniŋ koran]
deposit account	rekening simpanan	[rekeniŋ simpanan]
to open an account	membuka rekening	[membuka rekeniŋ]
to close the account	menutup rekening	[mənutup rekeniŋ]
to deposit into the account	memasukkan ke rekening	[memasuʔkan ke rekeniŋ]
to withdraw (vt)	menarik uang	[mənariʔ uaŋ]
deposit	deposito	[deposito]
to make a deposit	melakukan setoran	[melakukan setoran]
wire transfer	transfer kawat	[transfer kawat]

to wire, to transfer	mentransfer	[məntransfer]
sum	jumlah	[dʒʲumlah]
How much?	Berapa?	[bərapa?]

| signature | tanda tangan | [tanda taŋan] |
| to sign (vt) | menandatangani | [mənandataŋani] |

credit card	kartu kredit	[kartu kredit]
code (PIN code)	kode	[kode]
credit card number	nomor kartu kredit	[nomor kartu kredit]
cashpoint	Anjungan Tunai Mandiri, ATM	[andʒʲuŋan tunaj mandiri], [a-te-em]

cheque	cek	[tʃe']
to write a cheque	menulis cek	[mənulis tʃe']
chequebook	buku cek	[buku tʃe']

loan (bank ~)	kredit, pinjaman	[kredit], [pindʒʲaman]
to apply for a loan	meminta kredit	[meminta kredit]
to get a loan	mendapatkan kredit	[məndapatkan kredit]
to give a loan	memberikan kredit	[memberikan kredit]
guarantee	jaminan	[dʒʲaminan]

79. Telephone. Phone conversation

telephone	telepon	[telepon]
mobile phone	ponsel	[ponsel]
answerphone	mesin penjawab panggilan	[mesin pendʒʲawab paŋgilan]

| to call (by phone) | menelepon | [mənelepon] |
| call, ring | panggilan telepon | [paŋgilan telepon] |

to dial a number	memutar nomor telepon	[memutar nomor telepon]
Hello!	Halo!	[halo!]
to ask (vt)	bertanya	[bərtanja]
to answer (vi, vt)	menjawab	[məndʒʲawab]

to hear (vt)	mendengar	[məndeŋar]
well (adv)	baik	[baj']
not well (adv)	buruk, jelek	[buruk], [dʒʲele']
noises (interference)	bising, gangguan	[bisiŋ], [gaŋguan]

receiver	gagang	[gagaŋ]
to pick up (~ the phone)	mengangkat telepon	[məŋaŋkat telepon]
to hang up (~ the phone)	menutup telepon	[mənutup telepon]

busy (engaged)	sibuk	[sibu']
to ring (ab. phone)	berdering	[bərderiŋ]
telephone book	buku telepon	[buku telepon]

local (adj)	lokal	[lokal]
local call	panggilan lokal	[paŋgilan lokal]
trunk (e.g. ~ call)	interlokal	[interlokal]
trunk call	panggilan interlokal	[paŋgilan interlokal]

| international (adj) | internasional | [internasional] |
| international call | panggilan internasional | [paŋgilan internasional] |

80. Mobile telephone

mobile phone	ponsel	[ponsel]
display	layar	[lajar]
button	kenop	[kenop]
SIM card	kartu SIM	[kartu sim]
battery	baterai	[bateraj]
to be flat (battery)	mati	[mati]
charger	pengisi baterai, pengecas	[peɲisi bateraj], [peɲetʃas]
menu	menu	[menu]
settings	penyetelan	[penjetelan]
tune (melody)	nada panggil	[nada paŋgil]
to select (vt)	memilih	[memilih]
calculator	kalkulator	[kalkulator]
voice mail	penjawab telepon	[pendʒawab telepon]
alarm clock	weker	[weker]
contacts	buku telepon	[buku telepon]
SMS (text message)	pesan singkat	[pesan siŋkat]
subscriber	pelanggan	[pelaŋgan]

81. Stationery

ballpoint pen	bolpen	[bolpen]
fountain pen	pena celup	[pena tʃelup]
pencil	pensil	[pensil]
highlighter	spidol	[spidol]
felt-tip pen	spidol	[spidol]
notepad	buku catatan	[buku tʃatatan]
diary	agenda	[agenda]
ruler	mistar, penggaris	[mistar], [peŋgaris]
calculator	kalkulator	[kalkulator]
rubber	karet penghapus	[karet peɲhapus]
drawing pin	paku payung	[paku pajuŋ]
paper clip	penjepit kertas	[pendʒepit kertas]
glue	lem	[lem]
stapler	stapler	[stapler]
hole punch	alat pelubang kertas	[alat pelubaŋ kertas]
pencil sharpener	rautan pensil	[rautan pensil]

82. Kinds of business

accounting services	jasa akuntansi	[dʒ¦asa akuntansi]
advertising	periklanan	[periklanan]
advertising agency	biro periklanan	[biro periklanan]
air-conditioners	penyejuk udara	[penjedʒ¦u' udara]
airline	maskapai penerbangan	[maskapaj penerbaŋan]
alcoholic beverages	minuman beralkohol	[minuman beralkohol]
antiques (antique dealers)	antikuariat	[antikuariat]
art gallery (contemporary ~)	galeri seni	[galeri seni]
audit services	jasa audit	[dʒ¦asa audit]
banking industry	industri perbankan	[industri perbankan]
beauty salon	salon kecantikan	[salon ketʃantikan]
bookshop	toko buku	[toko buku]
brewery	pabrik bir	[pabri' bir]
business centre	pusat bisnis	[pusat bisnis]
business school	sekolah bisnis	[sekolah bisnis]
casino	kasino	[kasino]
chemist, pharmacy	apotek, toko obat	[apotek], [toko obat]
cinema	bioskop	[bioskop]
construction	pembangunan	[pembaŋunan]
consulting	jasa konsultasi	[dʒ¦asa konsultasi]
dental clinic	klinik gigi	[klini' gigi]
design	desain	[desajn]
dry cleaners	penatu kimia	[penatu kimia]
employment agency	biro tenaga kerja	[biro tenaga kerdʒ¦a]
financial services	jasa finansial	[dʒ¦asa finansial]
food products	produk makanan	[produ' makanan]
furniture (e.g. house ~)	mebel	[mebel]
clothing, garment	pakaian, busana	[pakajan], [busana]
hotel	hotel	[hotel]
ice-cream	es krim	[es krim]
industry (manufacturing)	industri	[industri]
insurance	asuransi	[asuransi]
Internet	Internet	[internet]
investments (finance)	investasi	[investasi]
jeweller	tukang perhiasan	[tukaŋ perhiasan]
jewellery	perhiasan	[perhiasan]
laundry (shop)	penatu	[penatu]
legal adviser	penasihat hukum	[penasihat hukum]
light industry	industri ringan	[industri riŋan]
magazine	majalah	[madʒ¦alah]
mail-order selling	perniagaan pesanan pos	[perniaga'an pesanan pos]
medicine	kedokteran	[kedokteran]
museum	museum	[museum]
news agency	kantor berita	[kantor berita]
newspaper	koran	[koran]

nightclub	**klub malam**	[klub malam]
oil (petroleum)	**petroleum, minyak**	[petroleum], [minjaʔ]
courier services	**jasa kurir**	[dʒʲasa kurir]
pharmaceutics	**farmasi**	[farmasi]
printing (industry)	**percetakan**	[pərtʃetakan]
pub	**bar**	[bar]
publishing house	**penerbit**	[penerbit]
radio (~ station)	**radio**	[radio]
real estate	**properti, lahan yasan**	[properti], [lahan yasan]
restaurant	**restoran**	[restoran]
security company	**biro keamanan**	[biro keamanan]
shop	**toko**	[toko]
sport	**olahraga**	[olahraga]
stock exchange	**bursa efek**	[bursa efeʔ]
supermarket	**pasar swalayan**	[pasar swalajan]
swimming pool (public ~)	**kolam renang**	[kolam renaŋ]
tailor shop	**rumah jahit**	[rumah dʒʲahit]
television	**televisi**	[televisi]
theatre	**teater**	[teater]
trade (commerce)	**perdagangan**	[pərdagaŋan]
transport companies	**transportasi, angkutan**	[transportasi], [aŋkutan]
travel	**pariwisata**	[pariwisata]
undertakers	**rumah duka**	[rumah duka]
veterinary surgeon	**dokter hewan**	[dokter hewan]
warehouse	**gudang**	[gudaŋ]
waste collection	**pemungutan sampah**	[pemuŋutan sampah]

HUMAN ACTIVITIES

Job. Business. Part 2

83. Show. Exhibition

exhibition, show	**pameran**	[pameran]
trade show	**pameran perdagangan**	[pameran pərdagaŋan]
participation	**partisipasi**	[partisipasi]
to participate (vi)	**turut serta**	[turut serta]
participant (exhibitor)	**partisipan, peserta**	[partisipan], [peserta]
director	**direktur**	[direktur]
organizers' office	**biro penyelenggara kegiatan**	[biro penəleŋara kegiatan]
organizer	**penyelenggara**	[penjeleŋara]
to organize (vt)	**menyelenggarakan**	[mənjeleŋgarakan]
participation form	**formulir keikutsertaan**	[formulir keikutserta'an]
to fill in (vt)	**mengisi**	[məŋisi]
details	**detail**	[detajl]
information	**informasi**	[informasi]
price (cost, rate)	**harga**	[harga]
including	**termasuk**	[tərmasu']
to include (vt)	**mencakup**	[məntʃakup]
to pay (vi, vt)	**membayar**	[membajar]
registration fee	**biaya pendaftaran**	[biaja pendaftaran]
entrance	**masuk**	[masu']
pavilion, hall	**paviliun**	[paviliun]
to register (vt)	**mendaftar**	[məndaftar]
badge (identity tag)	**label identitas**	[label identitas]
stand	**stand**	[stand]
to reserve, to book	**memesan**	[memesan]
display case	**dagang layar kaca**	[dagaŋ lajar katʃa]
spotlight	**lampu**	[lampu]
design	**desain**	[desajn]
to place (put, set)	**menempatkan**	[mənempatkan]
to be placed	**diletakkan**	[dileta'kan]
distributor	**penyalur**	[penjalur]
supplier	**penyuplai**	[penyuplaj]
to supply (vt)	**menyuplai**	[mənyuplaj]
country	**negara, negeri**	[negara], [negeri]
foreign (adj)	**asing**	[asiŋ]

product	produk	[produʔ]
association	asosiasi, perhimpunan	[asosiasi], [pərhimpunan]
conference hall	gedung pertemuan	[geduŋ pərtemuan]
congress	kongres	[koŋres]
contest (competition)	kontes	[kontes]
visitor (attendee)	pengunjung	[pəŋundʒʲuŋ]
to visit (attend)	mendatangi	[məndataŋi]
customer	pelanggan	[pelaŋgan]

84. Science. Research. Scientists

science	ilmu	[ilmu]
scientific (adj)	ilmiah	[ilmiah]
scientist	ilmuwan	[ilmuwan]
theory	teori	[teori]
axiom	aksioma	[aksioma]
analysis	analisis	[analisis]
to analyse (vt)	menganalisis	[məŋanalisis]
argument (strong ~)	argumen	[argumen]
substance (matter)	zat, bahan	[zat], [bahan]
hypothesis	hipotesis	[hipotesis]
dilemma	dilema	[dilema]
dissertation	disertasi	[disertasi]
dogma	dogma	[dogma]
doctrine	doktrin	[doktrin]
research	riset, penelitian	[riset], [penelitian]
to research (vt)	penelitian	[penelitian]
tests (laboratory ~)	pengujian	[pəŋudʒian]
laboratory	laboratorium	[laboratorium]
method	metode	[metode]
molecule	molekul	[molekul]
monitoring	pemonitoran	[pemonitoran]
discovery (act, event)	penemuan	[penemuan]
postulate	postulat	[postulat]
principle	prinsip	[prinsip]
forecast	prakiraan	[prakiraʔan]
to forecast (vt)	memprakirakan	[memprakirakan]
synthesis	sintesis	[sintesis]
trend (tendency)	tendensi	[tendensi]
theorem	teorema	[teorema]
teachings	ajaran	[adʒʲaran]
fact	fakta	[fakta]
expedition	ekspedisi	[ekspedisi]
experiment	eksperimen	[eksperimen]
academician	akademikus	[akademikus]
bachelor (e.g. ~ of Arts)	sarjana	[sardʒʲana]

doctor (PhD)	**doktor**	[doktor]
Associate Professor	**Profesor Madya**	[profesor madja]
Master (e.g. ~ of Arts)	**Master**	[master]
professor	**profesor**	[profesor]

Professions and occupations

85. Job search. Dismissal

job	kerja, pekerjaan	[kerdʒʲa], [pekerdʒʲa'an]
staff (work force)	staf, personalia	[staf], [pərsonalia]
personnel	staf, personel	[staf], [pərsonel]
career	karier	[karier]
prospects (chances)	perspektif	[pərspektif]
skills (mastery)	keterampilan	[keterampilan]
selection (screening)	pilihan	[pilihan]
employment agency	biro tenaga kerja	[biro tenaga kerdʒʲa]
curriculum vitae, CV	resume	[resume]
job interview	wawancara kerja	[wawantʃara kerdʒʲa]
vacancy	lowongan	[lowoŋan]
salary, pay	gaji, upah	[gadʒi], [upah]
fixed salary	gaji tetap	[gadʒi tetap]
pay, compensation	bayaran	[bajaran]
position (job)	jabatan	[dʒʲabatan]
duty (of employee)	tugas	[tugas]
range of duties	bidang tugas	[bidaŋ tugas]
busy (I'm ~)	sibuk	[sibuʔ]
to fire (dismiss)	memecat	[memetʃat]
dismissal	pemecatan	[pemetʃatan]
unemployment	pengangguran	[peŋaŋuran]
unemployed (n)	penggangur	[peŋgaŋur]
retirement	pensiun	[pensiun]
to retire (from job)	pensiun	[pensiun]

86. Business people

director	direktur	[direktur]
manager (director)	manajer	[manadʒʲer]
boss	bos, atasan	[bos], [atasan]
superior	atasan	[atasan]
superiors	atasan	[atasan]
president	presiden	[presiden]
chairman	ketua, dirut	[ketua], [dirut]
deputy (substitute)	wakil	[wakil]
assistant	asisten	[asisten]

secretary	sekretaris	[sekretaris]
personal assistant	asisten pribadi	[asisten pribadi]
businessman	pengusaha, pebisnis	[peŋusaha], [pebisnis]
entrepreneur	pengusaha	[peŋusaha]
founder	pendiri	[pendiri]
to found (vt)	mendirikan	[mendirikan]
founding member	pendiri	[pendiri]
partner	mitra	[mitra]
shareholder	pemegang saham	[pemegaŋ saham]
millionaire	jutawan	[dʒʲutawan]
billionaire	miliarder	[miliarder]
owner, proprietor	pemilik	[pemiliʔ]
landowner	tuan tanah	[tuan tanah]
client	klien	[klien]
regular client	klien tetap	[klien tetap]
buyer (customer)	pembeli	[pembeli]
visitor	tamu	[tamu]
professional (n)	profesional	[profesional]
expert	pakar, ahli	[pakar], [ahli]
specialist	spesialis, ahli	[spesialis], [ahli]
banker	bankir	[bankir]
broker	broker, pialang	[broker], [pialaŋ]
cashier	kasir	[kasir]
accountant	akuntan	[akuntan]
security guard	satpam, pengawal	[satpam], [peŋawal]
investor	investor	[investor]
debtor	debitur	[debitur]
creditor	kreditor	[kreditor]
borrower	peminjam	[pemindʒʲam]
importer	importir	[importir]
exporter	eksportir	[eksportir]
manufacturer	produsen	[produsen]
distributor	penyalur	[penjalur]
middleman	perantara	[perantara]
consultant	konsultan	[konsultan]
sales representative	perwakilan penjualan	[perwakilan pendʒʲualan]
agent	agen	[agen]
insurance agent	agen asuransi	[agen asuransi]

87. Service professions

cook	koki, juru masak	[koki], [dʒʲuru masaʔ]
chef (kitchen chef)	koki kepala	[koki kepala]

baker	**pembuat roti**	[pembuat roti]
barman	**pelayan bar**	[pelajan bar]
waiter	**pelayan lelaki**	[pelajan lelaki]
waitress	**pelayan perempuan**	[pelajan pərempuan]
lawyer, barrister	**advokat, pengacara**	[advokat], [peɲatʃara]
lawyer (legal expert)	**ahli hukum**	[ahli hukum]
notary	**notaris**	[notaris]
electrician	**tukang listrik**	[tukaŋ listriʔ]
plumber	**tukang pipa**	[tukaŋ pipa]
carpenter	**tukang kayu**	[tukaŋ kaju]
masseur	**tukang pijat lelaki**	[tukaŋ pidʒʲat lelaki]
masseuse	**tukang pijat perempuan**	[tukaŋ pidʒʲat pərempuan]
doctor	**dokter**	[dokter]
taxi driver	**sopir taksi**	[sopir taksi]
driver	**sopir**	[sopir]
delivery man	**kurir**	[kurir]
chambermaid	**pelayan kamar**	[pelajan kamar]
security guard	**satpam, pengawal**	[satpam], [peŋawal]
flight attendant (fem.)	**pramugari**	[pramugari]
schoolteacher	**guru**	[guru]
librarian	**pustakawan**	[pustakawan]
translator	**penerjemah**	[penerdʒʲemah]
interpreter	**juru bahasa**	[dʒʲuru bahasa]
guide	**pemandu wisata**	[pemandu wisata]
hairdresser	**tukang cukur**	[tukaŋ tʃukur]
postman	**tukang pos**	[tukaŋ pos]
salesman (store staff)	**pramuniaga**	[pramuniaga]
gardener	**tukang kebun**	[tukaŋ kebun]
domestic servant	**pramuwisma**	[pramuwisma]
maid (female servant)	**pramuwisma**	[pramuwisma]
cleaner (cleaning lady)	**pembersih ruangan**	[pembersih ruaŋan]

88. Military professions and ranks

private	**prajurit**	[pradʒʲurit]
sergeant	**sersan**	[sersan]
lieutenant	**letnan**	[letnan]
captain	**kapten**	[kapten]
major	**mayor**	[major]
colonel	**kolonel**	[kolonel]
general	**jenderal**	[dʒʲenderal]
marshal	**marsekal**	[marsekal]
admiral	**laksamana**	[laksamana]
military (n)	**anggota militer**	[aŋgota militer]
soldier	**tentara, serdadu**	[tentara], [serdadu]

| officer | perwira | [pərwira] |
| commander | komandan | [komandan] |

border guard	penjaga perbatasan	[pendʒʲaga pərbatasan]
radio operator	operator radio	[operator radio]
scout (searcher)	pengintai	[peɲintaj]
pioneer (sapper)	pencari ranjau	[pentʃari randʒʲau]
marksman	petembak	[petembaʔ]
navigator	navigator, penavigasi	[navigator], [penavigasi]

89. Officials. Priests

| king | raja | [radʒʲa] |
| queen | ratu | [ratu] |

| prince | pangeran | [paŋeran] |
| princess | putri | [putri] |

| czar | tsar, raja | [tsar], [radʒʲa] |
| czarina | tsarina, ratu | [tsarina], [ratu] |

president	presiden	[presiden]
Secretary (minister)	Menteri Sekretaris	[mənteri sekretaris]
prime minister	perdana menteri	[pərdana menteri]
senator	senator	[senator]

diplomat	diplomat	[diplomat]
consul	konsul	[konsul]
ambassador	duta besar	[duta besar]
counsillor (diplomatic officer)	penasihat	[penasihat]

official, functionary (civil servant)	petugas	[petugas]
prefect	prefek	[prefeʔ]
mayor	walikota	[walikota]
judge	hakim	[hakim]
prosecutor	kejaksaan negeri	[kedʒʲaksaʔan negeri]

missionary	misionaris	[misionaris]
monk	biarawan, rahib	[biarawan], [rahib]
abbot	abbas	[abbas]
rabbi	rabbi	[rabbi]

vizier	wazir	[wazir]
shah	syah	[ʃah]
sheikh	syeikh	[ʃejh]

90. Agricultural professions

beekeeper	peternak lebah	[peternaʔ lebah]
shepherd	penggembala	[peŋgembala]
agronomist	agronom	[agronom]

cattle breeder	peternak	[peternaʔ]
veterinary surgeon	dokter hewan	[dokter hewan]
farmer	petani	[petani]
winemaker	pembuat anggur	[pembuat aŋgur]
zoologist	zoolog	[zoolog]
cowboy	koboi	[koboi]

91. Art professions

actor	aktor	[aktor]
actress	aktris	[aktris]
singer (masc.)	biduan	[biduan]
singer (fem.)	biduanita	[biduanita]
dancer (masc.)	penari lelaki	[penari lelaki]
dancer (fem.)	penari perempuan	[penari pərempuan]
performer (masc.)	artis	[artis]
performer (fem.)	artis	[artis]
musician	musisi, musikus	[musisi], [musikus]
pianist	pianis	[pianis]
guitar player	pemain gitar	[pemajn gitar]
conductor (orchestra ~)	konduktor	[konduktor]
composer	komposer, komponis	[komposer], [komponis]
impresario	impresario	[impresario]
film director	sutradara	[sutradara]
producer	produser	[produser]
scriptwriter	penulis skenario	[penulis skenario]
critic	kritikus	[kritikus]
writer	penulis	[penulis]
poet	penyair	[penjajr]
sculptor	pematung	[pematuŋ]
artist (painter)	perupa	[pərupa]
juggler	juggler	[dʒʲuggler]
clown	badut	[badut]
acrobat	akrobat	[akrobat]
magician	pesulap	[pesulap]

92. Various professions

doctor	dokter	[dokter]
nurse	suster, juru rawat	[suster], [dʒʲuru rawat]
psychiatrist	psikiater	[psikiater]
dentist	dokter gigi	[dokter gigi]
surgeon	dokter bedah	[dokter bedah]

astronaut	**astronaut**	[astronaut]
astronomer	**astronom**	[astronom]
pilot	**pilot**	[pilot]
driver (of taxi, etc.)	**sopir**	[sopir]
train driver	**masinis**	[masinis]
mechanic	**mekanik**	[mekaniʔ]
miner	**penambang**	[penambaŋ]
worker	**buruh, pekerja**	[buruh], [pekerdʒʲa]
locksmith	**tukang kikir**	[tukaŋ kikir]
joiner (carpenter)	**tukang kayu**	[tukaŋ kaju]
turner (lathe machine operator)	**tukang bubut**	[tukaŋ bubut]
building worker	**buruh bangunan**	[buruh baŋunan]
welder	**tukang las**	[tukaŋ las]
professor (title)	**profesor**	[profesor]
architect	**arsitek**	[arsiteʔ]
historian	**sejarawan**	[sedʒʲarawan]
scientist	**ilmuwan**	[ilmuwan]
physicist	**fisikawan**	[fisikawan]
chemist (scientist)	**kimiawan**	[kimiawan]
archaeologist	**arkeolog**	[arkeolog]
geologist	**geolog**	[geolog]
researcher (scientist)	**periset, peneliti**	[pəriset], [peneliti]
babysitter	**pengasuh anak**	[peŋasuh anaʔ]
teacher, educator	**guru, pendidik**	[guru], [pendidiʔ]
editor	**editor, penyunting**	[editor], [penyuntiŋ]
editor-in-chief	**editor kepala**	[editor kepala]
correspondent	**koresponden**	[koresponden]
typist (fem.)	**juru ketik**	[dʒʲuru ketiʔ]
designer	**desainer, perancang**	[desajner], [pərantʃaŋ]
computer expert	**ahli komputer**	[ahli komputer]
programmer	**pemrogram**	[pemrogram]
engineer (designer)	**insinyur**	[insinyur]
sailor	**pelaut**	[pelaut]
seaman	**kelasi**	[kelasi]
rescuer	**penyelamat**	[penjelamat]
firefighter	**pemadam kebakaran**	[pemadam kebakaran]
police officer	**polisi**	[polisi]
watchman	**penjaga**	[pendʒʲaga]
detective	**detektif**	[detektif]
customs officer	**petugas pabean**	[petugas pabean]
bodyguard	**pengawal pribadi**	[peŋawal pribadi]
prison officer	**sipir, penjaga penjara**	[sipir], [pendʒʲaga pendʒʲara]
inspector	**inspektur**	[inspektur]
sportsman	**olahragawan**	[olahragawan]
trainer, coach	**pelatih**	[pelatih]

butcher	**tukang daging**	[tukaŋ dagiŋ]
cobbler (shoe repairer)	**tukang sepatu**	[tukaŋ sepatu]
merchant	**pedagang**	[pedagaŋ]
loader (person)	**kuli**	[kuli]
fashion designer	**perancang busana**	[perantʃaŋ busana]
model (fem.)	**peragawati**	[peragawati]

93. Occupations. Social status

schoolboy	**siswa**	[siswa]
student (college ~)	**mahasiswa**	[mahasiswa]
philosopher	**filsuf**	[filsuf]
economist	**ahli ekonomi**	[ahli ekonomi]
inventor	**penemu**	[penemu]
unemployed (n)	**pengganggur**	[peŋgaŋgur]
pensioner	**pensiunan**	[pensiunan]
spy, secret agent	**mata-mata**	[mata-mata]
prisoner	**tahanan**	[tahanan]
striker	**pemogok**	[pemogoʔ]
bureaucrat	**birokrat**	[birokrat]
traveller (globetrotter)	**pelancong**	[pelantʃoŋ]
gay, homosexual (n)	**homo, homoseksual**	[homo], [homoseksual]
hacker	**peretas**	[peretas]
hippie	**hipi**	[hipi]
bandit	**bandit**	[bandit]
hit man, killer	**pembunuh bayaran**	[pembunuh bajaran]
drug addict	**pecandu narkoba**	[petʃandu narkoba]
drug dealer	**pengedar narkoba**	[peŋedar narkoba]
prostitute (fem.)	**pelacur**	[pelatʃur]
pimp	**germo**	[germo]
sorcerer	**penyihir lelaki**	[penjihir lelaki]
sorceress (evil ~)	**penyihir perempuan**	[penjihir perempuan]
pirate	**bajak laut**	[badʒaʔ laut]
slave	**budak**	[budaʔ]
samurai	**samurai**	[samuraj]
savage (primitive)	**orang primitif**	[oraŋ primitif]

Education

94. School

school	sekolah	[sekolah]
headmaster	kepala sekolah	[kepala sekolah]
pupil (boy)	murid laki-laki	[murid laki-laki]
pupil (girl)	murid perempuan	[murid perempuan]
schoolboy	siswa	[siswa]
schoolgirl	siswi	[siswi]
to teach (sb)	mengajar	[məŋadʒʲar]
to learn (language, etc.)	belajar	[beladʒʲar]
to learn by heart	menghafalkan	[məŋhafalkan]
to learn (~ to count, etc.)	belajar	[beladʒʲar]
to be at school	bersekolah	[bərsekolah]
to go to school	ke sekolah	[ke sekolah]
alphabet	alfabet, abjad	[alfabet], [abdʒʲad]
subject (at school)	subjek, mata pelajaran	[subdʒʲek], [mata peladʒʲaran]
classroom	ruang kelas	[ruaŋ kelas]
lesson	pelajaran	[peladʒʲaran]
playtime, break	waktu istirahat	[waktu istirahat]
school bell	lonceng	[lontʃeŋ]
school desk	bangku sekolah	[baŋku sekolah]
blackboard	papan tulis hitam	[papan tulis hitam]
mark	nilai	[nilaj]
good mark	nilai baik	[nilaj bajʔ]
bad mark	nilai jelek	[nilaj dʒʲeleʔ]
to give a mark	memberikan nilai	[memberikan nilaj]
mistake, error	kesalahan	[kesalahan]
to make mistakes	melakukan kesalahan	[melakukan kesalahan]
to correct (an error)	mengoreksi	[məŋoreksi]
crib	contekan	[tʃontekan]
homework	pekerjaan rumah	[pekerdʒʲaʔan rumah]
exercise (in education)	latihan	[latihan]
to be present	hadir	[hadir]
to be absent	absen, tidak hadir	[absen], [tidaʔ hadir]
to miss school	absen dari sekolah	[absen dari sekolah]
to punish (vt)	menghukum	[məŋhukum]
punishment	hukuman	[hukuman]
conduct (behaviour)	perilaku	[pərilaku]

school report	rapor	[rapor]
pencil	pensil	[pensil]
rubber	karet penghapus	[karet peŋhapus]
chalk	kapur	[kapur]
pencil case	kotak pensil	[kota' pensil]
schoolbag	tas sekolah	[tas sekolah]
pen	pen	[pen]
exercise book	buku tulis	[buku tulis]
textbook	buku pelajaran	[buku peladʒʲaran]
compasses	paser, jangka	[paser], [dʒʲaŋka]
to make technical drawings	menggambar	[məŋgambar]
technical drawing	gambar teknik	[gambar tekniʔ]
poem	puisi, sajak	[puisi], [sadʒʲaʔ]
by heart (adv)	hafal	[hafal]
to learn by heart	menghafalkan	[məŋhafalkan]
school holidays	liburan sekolah	[liburan sekolah]
to be on holiday	berlibur	[bərlibur]
to spend holidays	menjalani liburan	[məndʒʲalani liburan]
test (at school)	tes, kuis	[tes], [kuis]
essay (composition)	esai, karangan	[esaj], [karaŋan]
dictation	dikte	[dikte]
exam (examination)	ujian	[udʒian]
to do an exam	menempuh ujian	[mənempuh udʒian]
experiment (e.g., chemistry ~)	eksperimen	[eksperimen]

95. College. University

academy	akademi	[akademi]
university	universitas	[universitas]
faculty (e.g., ~ of Medicine)	fakultas	[fakultas]
student (masc.)	mahasiswa	[mahasiswa]
student (fem.)	mahasiswi	[mahasiswi]
lecturer (teacher)	dosen	[dosen]
lecture hall, room	ruang kuliah	[ruaŋ kuliah]
graduate	lulusan	[lulusan]
diploma	ijazah	[idʒʲazah]
dissertation	disertasi	[disertasi]
study (report)	penelitian	[penelitian]
laboratory	laboratorium	[laboratorium]
lecture	kuliah	[kuliah]
coursemate	rekan sekuliah	[rekan sekuliah]
scholarship, bursary	beasiswa	[beasiswa]
academic degree	gelar akademik	[gelar akademiʔ]

96. Sciences. Disciplines

mathematics	**matematika**	[matematika]
algebra	**aljabar**	[aldʒˈabar]
geometry	**geometri**	[geometri]
astronomy	**astronomi**	[astronomi]
biology	**biologi**	[biologi]
geography	**geografi**	[geografi]
geology	**geologi**	[geologi]
history	**sejarah**	[sedʒˈarah]
medicine	**kedokteran**	[kedokteran]
pedagogy	**pedagogi**	[pedagogi]
law	**hukum**	[hukum]
physics	**fisika**	[fisika]
chemistry	**kimia**	[kimia]
philosophy	**filsafat**	[filsafat]
psychology	**psikologi**	[psikologi]

97. Writing system. Orthography

grammar	**tatabahasa**	[tatabahasa]
vocabulary	**kosakata**	[kosakata]
phonetics	**fonetik**	[foneti']
noun	**nomina**	[nomina]
adjective	**adjektiva**	[adʒˈektiva]
verb	**verba**	[verba]
adverb	**adverbia**	[adverbia]
pronoun	**kata ganti**	[kata ganti]
interjection	**kata seru**	[kata seru]
preposition	**preposisi, kata depan**	[preposisi], [kata depan]
root	**kata dasar**	[kata dasar]
ending	**akhiran**	[ahiran]
prefix	**prefiks, awalan**	[prefiks], [awalan]
syllable	**suku kata**	[suku kata]
suffix	**sufiks, akhiran**	[sufiks], [ahiran]
stress mark	**tanda tekanan**	[tanda tekanan]
apostrophe	**apostrofi**	[apostrofi]
full stop	**titik**	[titi']
comma	**koma**	[koma]
semicolon	**titik koma**	[titi' koma]
colon	**titik dua**	[titi' dua]
ellipsis	**elipsis, lesapan**	[elipsis], [lesapan]
question mark	**tanda tanya**	[tanda tanja]
exclamation mark	**tanda seru**	[tanda seru]

inverted commas	tanda petik	[tanda peti']
in inverted commas	dalam tanda petik	[dalam tanda peti']
parenthesis	tanda kurung	[tanda kuruŋ]
in parenthesis	dalam tanda kurung	[dalam tanda kuruŋ]
hyphen	tanda pisah	[tanda pisah]
dash	tanda hubung	[tanda hubuŋ]
space (between words)	spasi	[spasi]
letter	huruf	[huruf]
capital letter	huruf kapital	[huruf kapital]
vowel (n)	vokal	[vokal]
consonant (n)	konsonan	[konsonan]
sentence	kalimat	[kalimat]
subject	subjek	[subdʒʲe']
predicate	predikat	[predikat]
line	baris	[baris]
on a new line	di baris baru	[di baris baru]
paragraph	alinea, paragraf	[alinea], [paragraf]
word	kata	[kata]
group of words	rangkaian kata	[raŋkajan kata]
expression	ungkapan	[uŋkapan]
synonym	sinonim	[sinonim]
antonym	antonim	[antonim]
rule	peraturan	[pəraturan]
exception	perkecualian	[perketʃualian]
correct (adj)	benar, betul	[benar], [betul]
conjugation	konjugasi	[kondʒʲugasi]
declension	deklinasi	[deklinasi]
nominal case	kasus nominal	[kasus nominal]
question	pertanyaan	[pərtanja'an]
to underline (vt)	menggaris bawahi	[məŋgaris bawahi]
dotted line	garis bertitik	[garis bərtiti']

98. Foreign languages

language	bahasa	[bahasa]
foreign (adj)	asing	[asiŋ]
foreign language	bahasa asing	[bahasa asiŋ]
to study (vt)	mempelajari	[mempeladʒʲari]
to learn (language, etc.)	belajar	[beladʒʲar]
to read (vi, vt)	membaca	[membatʃa]
to speak (vi, vt)	berbicara	[bərbitʃara]
to understand (vt)	mengerti	[məŋerti]
to write (vt)	menulis	[mənulis]
fast (adv)	cepat, fasih	[tʃepat], [fasih]
slowly (adv)	perlahan-lahan	[pərlahan-lahan]

fluently (adv)	**fasih**	[fasih]
rules	**peraturan**	[pəraturan]
grammar	**tatabahasa**	[tatabahasa]
vocabulary	**kosakata**	[kosakata]
phonetics	**fonetik**	[foneti']
textbook	**buku pelajaran**	[buku peladʒ'aran]
dictionary	**kamus**	[kamus]
teach-yourself book	**buku autodidak**	[buku autodida']
phrasebook	**panduan percakapan**	[panduan pərtʃakapan]
cassette, tape	**kaset**	[kaset]
videotape	**kaset video**	[kaset video]
CD, compact disc	**cakram kompak**	[tʃakram kompa']
DVD	**cakram DVD**	[tʃakram di-vi-di]
alphabet	**alfabet, abjad**	[alfabet], [abdʒ'ad]
to spell (vt)	**mengeja**	[mənedʒ'a]
pronunciation	**pelafalan**	[pelafalan]
accent	**aksen**	[aksen]
with an accent	**dengan aksen**	[deŋan aksen]
without an accent	**tanpa aksen**	[tanpa aksen]
word	**kata**	[kata]
meaning	**arti**	[arti]
course (e.g. a French ~)	**kursus**	[kursus]
to sign up	**Mendaftar**	[məndaftar]
teacher	**guru**	[guru]
translation (process)	**penerjemahan**	[penerdʒ'emahan]
translation (text, etc.)	**terjemahan**	[tərdʒ'emahan]
translator	**penerjemah**	[penerdʒ'emah]
interpreter	**juru bahasa**	[dʒ'uru bahasa]
polyglot	**poliglot**	[poliglot]
memory	**memori, daya ingat**	[memori], [daja iŋat]

Rest. Entertainment. Travel

99. Trip. Travel

tourism, travel	pariwisata	[pariwisata]
tourist	turis, wisatawan	[turis], [wisatawan]
trip, voyage	pengembaraan	[peŋembara'an]
adventure	petualangan	[petualaŋan]
trip, journey	perjalanan, lawatan	[pərdʒ'alanan], [lawatan]
holiday	liburan	[liburan]
to be on holiday	berlibur	[bərlibur]
rest	istirahat	[istirahat]
train	kereta api	[kereta api]
by train	naik kereta api	[nai' kereta api]
aeroplane	pesawat terbang	[pesawat tərbaŋ]
by aeroplane	naik pesawat terbang	[nai' pesawat tərbaŋ]
by car	naik mobil	[nai' mobil]
by ship	naik kapal	[nai' kapal]
luggage	bagasi	[bagasi]
suitcase	koper	[koper]
luggage trolley	troli bagasi	[troli bagasi]
passport	paspor	[paspor]
visa	visa	[visa]
ticket	tiket	[tiket]
air ticket	tiket pesawat terbang	[tiket pesawat tərbaŋ]
guidebook	buku pedoman	[buku pedoman]
map (tourist ~)	peta	[peta]
area (rural ~)	kawasan	[kawasan]
place, site	tempat	[tempat]
exotica (n)	keeksotisan	[keeksotisan]
exotic (adj)	eksotis	[eksotis]
amazing (adj)	menakjubkan	[mənakdʒ'ubkan]
group	kelompok	[kelompo']
excursion, sightseeing tour	ekskursi	[ekskursi]
guide (person)	pemandu wisata	[pemandu wisata]

100. Hotel

hotel	hotel	[hotel]
motel	motel	[motel]
three-star (~ hotel)	bintang tiga	[bintaŋ tiga]

five-star	**bintang lima**	[bintaŋ lima]
to stay (in a hotel, etc.)	**menginap**	[məŋinap]
room	**kamar**	[kamar]
single room	**kamar tunggal**	[kamar tuŋgal]
double room	**kamar ganda**	[kamar ganda]
to book a room	**memesan kamar**	[memesan kamar]
half board	**sewa setengah**	[sewa seteŋah]
full board	**sewa penuh**	[sewa penuh]
with bath	**dengan kamar mandi**	[deŋan kamar mandi]
with shower	**dengan pancuran**	[deŋan pantʃuran]
satellite television	**televisi satelit**	[televisi satelit]
air-conditioner	**penyejuk udara**	[penjedʒʲuʔ udara]
towel	**handuk**	[handuʔ]
key	**kunci**	[kuntʃi]
administrator	**administrator**	[administrator]
chambermaid	**pelayan kamar**	[pelajan kamar]
porter	**porter**	[porter]
doorman	**pramupintu**	[pramupintu]
restaurant	**restoran**	[restoran]
pub, bar	**bar**	[bar]
breakfast	**makan pagi, sarapan**	[makan pagi], [sarapan]
dinner	**makan malam**	[makan malam]
buffet	**prasmanan**	[prasmanan]
lobby	**lobi**	[lobi]
lift	**elevator**	[elevator]
DO NOT DISTURB	**JANGAN MENGGANGGU**	[dʒaŋan məŋgaŋgu]
NO SMOKING	**DILARANG MEROKOK!**	[dilaraŋ merokoʔ!]

Technical equipment

101. Computer

computer	komputer	[komputer]
notebook, laptop	laptop	[laptop]
to turn on	menyalakan	[mənjalakan]
to turn off	mematikan	[mematikan]
keyboard	keyboard, papan tombol	[keybor], [papan tombol]
key	tombol	[tombol]
mouse	tetikus	[tetikus]
mouse mat	bantal tetikus	[bantal tetikus]
button	tombol	[tombol]
cursor	kursor	[kursor]
monitor	monitor	[monitor]
screen	layar	[lajar]
hard disk	hard disk, cakram keras	[hard disk], [tʃakram keras]
hard disk capacity	kapasitas cakram keras	[kapasitas tʃakram keras]
memory	memori	[memori]
random access memory	memori akses acak	[memori akses atʃaʔ]
file	file, berkas	[file], [bərkas]
folder	folder	[folder]
to open (vt)	membuka	[məmbuka]
to close (vt)	menutup	[mənutup]
to save (vt)	menyimpan	[mənjimpan]
to delete (vt)	menghapus	[mənhapus]
to copy (vt)	menyalin	[mənjalin]
to sort (vt)	menyortir	[mənjortir]
to transfer (copy)	mentransfer	[məntransfer]
programme	program	[program]
software	perangkat lunak	[pəraŋkat lunaʔ]
programmer	pemrogram	[pemrogram]
to program (vt)	memprogram	[memprogram]
hacker	peretas	[pəretas]
password	kata sandi	[kata sandi]
virus	virus	[virus]
to find, to detect	mendeteksi	[məndeteksi]
byte	bita	[bita]
megabyte	megabita	[megabita]
data	data	[data]

database	basis data, pangkalan data	[basis data], [paŋkalan data]
cable (USB, etc.)	kabel	[kabel]
to disconnect (vt)	melepaskan	[melepaskan]
to connect (sth to sth)	menyambungkan	[mənjambuŋkan]

102. Internet. E-mail

Internet	Internet	[internet]
browser	peramban	[peramban]
search engine	mesin telusur	[mesin telusur]
provider	provider	[provider]
webmaster	webmaster, perancang web	[webmaster], [perantʃaŋ web]
website	situs web	[situs web]
webpage	halaman web	[halaman web]
address (e-mail ~)	alamat	[alamat]
address book	buku alamat	[buku alamat]
postbox	kotak surat	[kota' surat]
post	surat	[surat]
full (adj)	penuh	[penuh]
message	pesan	[pesan]
incoming messages	pesan masuk	[pesan masu']
outgoing messages	pesan keluar	[pesan keluar]
sender	pengirim	[peŋirim]
to send (vt)	mengirim	[məŋirim]
sending (of mail)	pengiriman	[peŋiriman]
receiver	penerima	[penerima]
to receive (vt)	menerima	[mənerima]
correspondence	surat-menyurat	[surat-menyurat]
to correspond (vi)	surat-menyurat	[surat-menyurat]
file	file, berkas	[file], [berkas]
to download (vt)	mengunduh	[məŋunduh]
to create (vt)	membuat	[membuat]
to delete (vt)	menghapus	[meŋhapus]
deleted (adj)	terhapus	[terhapus]
connection (ADSL, etc.)	koneksi	[koneksi]
speed	kecepatan	[ketʃepatan]
modem	modem	[modem]
access	akses	[akses]
port (e.g. input ~)	porta	[porta]
connection (make a ~)	koneksi	[koneksi]
to connect to … (vi)	terhubung ke …	[terhubuŋ ke …]
to select (vt)	memilih	[memilih]
to search (for …)	mencari …	[mentʃari …]

103. Electricity

electricity	**listrik**	[listri⁷]
electric, electrical (adj)	**listrik**	[listri⁷]
electric power station	**pembangkit listrik**	[pembaŋkit listri⁷]
energy	**energi, tenaga**	[energi], [tenaga]
electric power	**tenaga listrik**	[tenaga listri⁷]
light bulb	**bohlam**	[bohlam]
torch	**lentera**	[lentera]
street light	**lampu jalan**	[lampu dʒjalan]
light	**lampu**	[lampu]
to turn on	**menyalakan**	[mənjalakan]
to turn off	**mematikan**	[mematikan]
to turn off the light	**mematikan lampu**	[mematikan lampu]
to burn out (vi)	**mati**	[mati]
short circuit	**korsleting**	[korsletiŋ]
broken wire	**kabel putus**	[kabel putus]
contact (electrical ~)	**kontak**	[konta⁷]
light switch	**sakelar**	[sakelar]
socket outlet	**colokan**	[tʃolokan]
plug	**steker**	[steker]
extension lead	**kabel ekstensi**	[kabel ekstensi]
fuse	**sekering**	[sekeriŋ]
cable, wire	**kabel, kawat**	[kabel], [kawat]
wiring	**rangkaian kabel**	[raŋkajan kabel]
ampere	**ampere**	[ampere]
amperage	**kuat arus listrik**	[kuat arus listri⁷]
volt	**volt**	[volt]
voltage	**voltase**	[voltase]
electrical device	**perkakas listrik**	[pərkakas listri⁷]
indicator	**indikator**	[indikator]
electrician	**tukang listrik**	[tukaŋ listri⁷]
to solder (vt)	**mematri**	[mematri]
soldering iron	**besi solder**	[besi solder]
electric current	**arus listrik**	[arus listri⁷]

104. Tools

tool, instrument	**alat**	[alat]
tools	**peralatan**	[pəralatan]
equipment (factory ~)	**perlengkapan**	[pərleŋkapan]
hammer	**martil, palu**	[martil], [palu]
screwdriver	**obeng**	[obeŋ]
axe	**kapak**	[kapa⁷]

saw	gergaji	[gergadʒi]
to saw (vt)	menggergaji	[məngergadʒi]
plane (tool)	serut	[serut]
to plane (vt)	menyerut	[mənjerut]
soldering iron	besi solder	[besi solder]
to solder (vt)	mematri	[mematri]
file (tool)	kikir	[kikir]
carpenter pincers	tang	[taŋ]
combination pliers	catut	[tʃatut]
chisel	pahat	[pahat]
drill bit	mata bor	[mata bor]
electric drill	bor listrik	[bor listriʔ]
to drill (vi, vt)	mengebor	[məŋebor]
knife	pisau	[pisau]
pocket knife	pisau saku	[pisau saku]
folding (~ knife)	pisau lipat	[pisau lipat]
blade	mata pisau	[mata pisau]
sharp (blade, etc.)	tajam	[tadʒ'am]
dull, blunt (adj)	tumpul	[tumpul]
to get blunt (dull)	menjadi tumpul	[məndʒ'adi tumpul]
to sharpen (vt)	mengasah	[məŋasah]
bolt	baut	[baut]
nut	mur	[mur]
thread (of a screw)	ulir	[ulir]
wood screw	sekrup	[sekrup]
nail	paku	[paku]
nailhead	paku payung	[paku pajuŋ]
ruler (for measuring)	mistar, penggaris	[mistar], [peŋgaris]
tape measure	meteran	[meteran]
spirit level	pengukur kedataran	[peŋukur kedataran]
magnifying glass	kaca pembesar	[katʃa pembesar]
measuring instrument	alat ukur	[alat ukur]
to measure (vt)	mengukur	[məŋukur]
scale (of thermometer, etc.)	skala	[skala]
readings	pencatatan	[pentʃatatan]
compressor	kompresor	[kompresor]
microscope	mikroskop	[mikroskop]
pump (e.g. water ~)	pompa	[pompa]
robot	robot	[robot]
laser	laser	[laser]
spanner	kunci pas	[kuntʃi pas]
adhesive tape	selotip	[selotip]
glue	lem	[lem]
sandpaper	kertas amplas	[kertas amplas]
spring	pegas, per	[pegas], [pər]

magnet	**magnet**	[magnet]
gloves	**sarung tangan**	[saruŋ taŋan]
rope	**tali**	[tali]
cord	**tambang, tali**	[tambaŋ], [tali]
wire (e.g. telephone ~)	**kabel, kawat**	[kabel], [kawat]
cable	**kabel, kawat**	[kabel], [kawat]
sledgehammer	**palu godam**	[palu godam]
prybar	**linggis**	[liŋgis]
ladder	**tangga**	[taŋga]
stepladder	**tangga**	[taŋga]
to screw (tighten)	**mengencangkan**	[məŋentʃaŋkan]
to unscrew (lid, filter, etc.)	**mengendurkan**	[məŋendurkan]
to tighten (e.g. with a clamp)	**mengencangkan**	[məŋentʃaŋkan]
to glue, to stick	**menempelkan**	[mənempelkan]
to cut (vt)	**memotong**	[memotoŋ]
malfunction (fault)	**malafungsi, kerusakan**	[malafuŋsi], [kerusakan]
repair (mending)	**perbaikan**	[pərbajkan]
to repair, to fix (vt)	**mereparasi, memperbaiki**	[mereparasi], [memperbajki]
to adjust (machine, etc.)	**menyetel**	[mənetel]
to check (to examine)	**memeriksa**	[memeriksa]
checking	**pemeriksaan**	[pemeriksa'an]
readings	**pencatatan**	[pentʃatatan]
reliable, solid (machine)	**andal**	[andal]
complex (adj)	**rumit**	[rumit]
to rust (get rusted)	**berkarat, karatan**	[bərkarat], [karatan]
rusty (adj)	**berkarat, karatan**	[bərkarat], [karatan]
rust	**karat**	[karat]

TECHNICAL EQUIPMENT. TRANSPORT

Transport

105. Aeroplane

aeroplane	pesawat terbang	[pesawat tərbaŋ]
air ticket	tiket pesawat terbang	[tiket pesawat tərbaŋ]
airline	maskapai penerbangan	[maskapaj penerbaŋan]
airport	bandara	[bandara]
supersonic (adj)	supersonik	[supersoniʔ]
captain	kapten	[kapten]
crew	awak	[awaʔ]
pilot	pilot	[pilot]
stewardess	pramugari	[pramugari]
navigator	navigator, penavigasi	[navigator], [penavigasi]
wings	sayap	[sajap]
tail	ekor	[ekor]
cockpit	kokpit	[kokpit]
engine	mesin	[mesin]
undercarriage (landing gear)	roda pendarat	[roda pendarat]
turbine	turbin	[turbin]
propeller	baling-baling	[baliŋ-baliŋ]
black box	kotak hitam	[kotaʔ hitam]
yoke (control column)	kemudi	[kemudi]
fuel	bahan bakar	[bahan bakar]
safety card	instruksi keselamatan	[instruksi keselamatan]
oxygen mask	masker oksigen	[masker oksigen]
uniform	seragam	[seragam]
lifejacket	jaket pelampung	[dʒʲaket pelampuŋ]
parachute	parasut	[parasut]
takeoff	lepas landas	[lepas landas]
to take off (vi)	bertolak	[bertolaʔ]
runway	jalur lepas landas	[dʒʲalur lepas landas]
visibility	visibilitas, pandangan	[visibilitas], [pandaŋan]
flight (act of flying)	penerbangan	[penerbaŋan]
altitude	ketinggian	[ketiŋgian]
air pocket	lubang udara	[lubaŋ udara]
seat	tempat duduk	[tempat duduʔ]
headphones	headphone, fonkepala	[headphone], [fonkepala]
folding tray (tray table)	meja lipat	[medʒʲa lipat]
airplane window	jendela pesawat	[dʒʲendela pesawat]
aisle	lorong	[loroŋ]

106. Train

train	**kereta api**	[kereta api]
commuter train	**kereta api listrik**	[kereta api listri']
express train	**kereta api cepat**	[kereta api ʧepat]
diesel locomotive	**lokomotif diesel**	[lokomotif disel]
steam locomotive	**lokomotif uap**	[lokomotif uap]
coach, carriage	**gerbong penumpang**	[gerboŋ penumpaŋ]
buffet car	**gerbong makan**	[gerboŋ makan]
rails	**rel**	[rel]
railway	**rel kereta api**	[rel kereta api]
sleeper (track support)	**bantalan rel**	[bantalan rel]
platform (railway ~)	**platform**	[platform]
platform (~ 1, 2, etc.)	**jalur**	[dʒʲalur]
semaphore	**semafor**	[semafor]
station	**stasiun**	[stasiun]
train driver	**masinis**	[masinis]
porter (of luggage)	**porter**	[porter]
carriage attendant	**kondektur**	[kondektur]
passenger	**penumpang**	[penumpaŋ]
ticket inspector	**kondektur**	[kondektur]
corridor (in train)	**koridor**	[koridor]
emergency brake	**rem darurat**	[rem darurat]
compartment	**kabin**	[kabin]
berth	**bangku**	[baŋku]
upper berth	**bangku atas**	[baŋku atas]
lower berth	**bangku bawah**	[baŋku bawah]
bed linen, bedding	**kain kasur**	[kain kasur]
ticket	**tiket**	[tiket]
timetable	**jadwal**	[dʒʲadwal]
information display	**layar informasi**	[lajar informasi]
to leave, to depart	**berangkat**	[beraŋkat]
departure (of train)	**keberangkatan**	[keberaŋkatan]
to arrive (ab. train)	**datang**	[dataŋ]
arrival	**kedatangan**	[kedataŋan]
to arrive by train	**datang naik kereta api**	[dataŋ naj' kereta api]
to get on the train	**naik ke kereta**	[nai' ke kereta]
to get off the train	**turun dari kereta**	[turun dari kereta]
train crash	**kecelakaan kereta**	[keʧelaka'an kereta]
to derail (vi)	**keluar rel**	[keluar rel]
steam locomotive	**lokomotif uap**	[lokomotif uap]
stoker, fireman	**juru api**	[dʒʲuru api]
firebox	**tungku**	[tuŋku]
coal	**batu bara**	[batu bara]

107. Ship

ship	kapal	[kapal]
vessel	kapal	[kapal]
steamship	kapal uap	[kapal uap]
riverboat	kapal api	[kapal api]
cruise ship	kapal laut	[kapal laut]
cruiser	kapal penjelajah	[kapal pendʲeladʲah]
yacht	perahu pesiar	[perahu pesiar]
tugboat	kapal tunda	[kapal tunda]
barge	tongkang	[toŋkaŋ]
ferry	feri	[feri]
sailing ship	kapal layar	[kapal lajar]
brigantine	kapal brigantin	[kapal brigantin]
ice breaker	kapal pemecah es	[kapal pemetʃah es]
submarine	kapal selam	[kapal selam]
boat (flat-bottomed ~)	perahu	[perahu]
dinghy	sekoci	[sekotʃi]
lifeboat	sekoci penyelamat	[sekotʃi penjelamat]
motorboat	perahu motor	[perahu motor]
captain	kapten	[kapten]
seaman	kelasi	[kelasi]
sailor	pelaut	[pelaut]
crew	awak	[awaʔ]
boatswain	bosman, bosun	[bosman], [bosun]
ship's boy	kadet laut	[kadet laut]
cook	koki	[koki]
ship's doctor	dokter kapal	[dokter kapal]
deck	dek	[deʔ]
mast	tiang	[tiaŋ]
sail	layar	[lajar]
hold	lambung kapal	[lambuŋ kapal]
bow (prow)	haluan	[haluan]
stern	buritan	[buritan]
oar	dayung	[dajuŋ]
screw propeller	baling-baling	[baliŋ-baliŋ]
cabin	kabin	[kabin]
wardroom	ruang rekreasi	[ruaŋ rekreasi]
engine room	ruang mesin	[ruaŋ mesin]
bridge	anjungan kapal	[andʲuŋan kapal]
radio room	ruang radio	[ruaŋ radio]
wave (radio)	gelombang radio	[gelombaŋ radio]
logbook	buku harian kapal	[buku harian kapal]
spyglass	teropong	[teropoŋ]
bell	lonceng	[lontʃeŋ]

flag	**bendera**	[bendera]
hawser (mooring ~)	**tali**	[tali]
knot (bowline, etc.)	**simpul**	[simpul]
deckrails	**pegangan**	[peganan]
gangway	**tangga kapal**	[tanga kapal]
anchor	**jangkar**	[dʒ'aŋkar]
to weigh anchor	**mengangkat jangkar**	[mənaŋkat dʒ'aŋkar]
to drop anchor	**menjatuhkan jangkar**	[məndʒ'atuhkan dʒ'aŋkar]
anchor chain	**rantai jangkar**	[rantaj dʒ'aŋkar]
port (harbour)	**pelabuhan**	[pelabuhan]
quay, wharf	**dermaga**	[dermaga]
to berth (moor)	**merapat**	[merapat]
to cast off	**bertolak**	[bərtola']
trip, voyage	**pengembaraan**	[peŋembara'an]
cruise (sea trip)	**pesiar**	[pesiar]
course (route)	**haluan**	[haluan]
route (itinerary)	**rute**	[rute]
shallows	**beting**	[betiŋ]
to run aground	**kandas**	[kandas]
storm	**badai**	[badaj]
signal	**sinyal**	[sinjal]
to sink (vi)	**tenggelam**	[teŋgelam]
Man overboard!	**Orang hanyut!**	[oraŋ hanyut!]
SOS (distress signal)	**SOS**	[es-o-es]
ring buoy	**pelampung penyelamat**	[pelampuŋ penjelamat]

108. Airport

airport	**bandara**	[bandara]
aeroplane	**pesawat terbang**	[pesawat tərbaŋ]
airline	**maskapai penerbangan**	[maskapaj penerbaŋan]
air traffic controller	**pengawas lalu lintas udara**	[peŋawas lalu lintas udara]
departure	**keberangkatan**	[keberaŋkatan]
arrival	**kedatangan**	[kedataŋan]
to arrive (by plane)	**datang**	[dataŋ]
departure time	**waktu keberangkatan**	[waktu keberaŋkatan]
arrival time	**waktu kedatangan**	[waktu kedataŋan]
to be delayed	**terlambat**	[tərlambat]
flight delay	**penundaan penerbangan**	[penunda'an penerbaŋan]
information board	**papan informasi**	[papan informasi]
information	**informasi**	[informasi]
to announce (vt)	**mengumumkan**	[meŋumumkan]
flight (e.g. next ~)	**penerbangan**	[penerbaŋan]
customs	**pabean**	[pabean]

customs officer	petugas pabean	[petugas pabean]
customs declaration	pernyataan pabean	[pərnjataʔan pabean]
to fill in (vt)	mengisi	[məɲisi]
to fill in the declaration	mengisi formulir bea cukai	[məɲisi formulir bea tʃukaj]
passport control	pemeriksaan paspor	[pemeriksaʔan paspor]
luggage	bagasi	[bagasi]
hand luggage	jinjingan	[dʒindʒiɲan]
luggage trolley	troli bagasi	[troli bagasi]
landing	pendaratan	[pendaratan]
landing strip	jalur pendaratan	[dʒʲalur pendaratan]
to land (vi)	mendarat	[məndarat]
airstairs	tangga pesawat	[taŋga pesawat]
check-in	check-in	[tʃekin]
check-in counter	meja check-in	[medʒʲa tʃekin]
to check-in (vi)	check-in	[tʃekin]
boarding card	kartu pas	[kartu pas]
departure gate	gerbang keberangkatan	[gerbaŋ keberaŋkatan]
transit	transit	[transit]
to wait (vi)	menunggu	[mənuŋgu]
departure lounge	ruang tunggu	[ruaŋ tuŋgu]
to see off	mengantar	[məɲantar]
to say goodbye	berpamitan	[bərpamitan]

Life events

109. Holidays. Event

celebration, holiday	perayaan	[pəraja'an]
national day	hari besar nasional	[hari besar nasional]
public holiday	hari libur	[hari libur]
to commemorate (vt)	merayakan	[merajakan]
event (happening)	peristiwa, kejadian	[peristiwa], [kedʒ'adian]
event (organized activity)	acara	[atʃara]
banquet (party)	banket	[banket]
reception (formal party)	resepsi	[resepsi]
feast	pesta	[pesta]
anniversary	hari jadi, HUT	[hari dʒ'adi], [ha-u-te]
jubilee	yubileum	[yubileum]
to celebrate (vt)	merayakan	[merajakan]
New Year	Tahun Baru	[tahun baru]
Happy New Year!	Selamat Tahun Baru!	[selamat tahun baru!]
Father Christmas	Sinterklas	[sinterklas]
Christmas	Natal	[natal]
Merry Christmas!	Selamat Hari Natal!	[selamat hari natal!]
Christmas tree	pohon Natal	[pohon natal]
fireworks (fireworks show)	kembang api	[kembaŋ api]
wedding	pernikahan	[pərnikahan]
groom	mempelai lelaki	[mempelaj lelaki]
bride	mempelai perempuan	[mempelaj pərempuan]
to invite (vt)	mengundang	[məŋundaŋ]
invitation card	kartu undangan	[kartu undaŋan]
guest	tamu	[tamu]
to visit (~ your parents, etc.)	mengunjungi	[məŋundʒ'uɲi]
to meet the guests	menyambut tamu	[mənjambut tamu]
gift, present	hadiah	[hadiah]
to give (sth as present)	memberi	[memberi]
to receive gifts	menerima hadiah	[mənerima hadiah]
bouquet (of flowers)	buket	[buket]
congratulations	ucapan selamat	[utʃapan selamat]
to congratulate (vt)	mengucapkan selamat	[mənutʃapkan selamat]
greetings card	kartu ucapan selamat	[kartu utʃapan selamat]
to send a postcard	mengirim kartu pos	[məɲirim kartu pos]
to get a postcard	menerima kartu pos	[mənerima kartu pos]

toast	toas	[toas]
to offer (a drink, etc.)	menawari	[mənawari]
champagne	sampanye	[sampanje]
to enjoy oneself	bersukaria	[bərsukaria]
merriment (gaiety)	keriangan, kegembiraan	[kerianan], [kegembira'an]
joy (emotion)	kegembiraan	[kegembira'an]
dance	dansa, tari	[dansa], [tari]
to dance (vi, vt)	berdansa, menari	[bərdansa], [menari]
waltz	wals	[wals]
tango	tango	[taŋo]

110. Funerals. Burial

cemetery	pemakaman	[pemakaman]
grave, tomb	makam	[makam]
cross	salib	[salib]
gravestone	batu nisan	[batu nisan]
fence	pagar	[pagar]
chapel	kapel	[kapel]
death	kematian	[kematian]
to die (vi)	mati, meninggal	[mati], [meninggal]
the deceased	almarhum	[almarhum]
mourning	perkabungan	[pərkabuŋan]
to bury (vt)	memakamkan	[memakamkan]
undertakers	rumah duka	[rumah duka]
funeral	pemakaman	[pemakaman]
wreath	karangan bunga	[karaŋan buŋa]
coffin	keranda	[keranda]
hearse	mobil jenazah	[mobil dʒʲenazah]
shroud	kain kafan	[kain kafan]
funeral procession	prosesi pemakaman	[prosesi pemakaman]
funerary urn	guci abu jenazah	[gutʃi abu dʒʲenazah]
crematorium	krematorium	[krematorium]
obituary	obituarium	[obituarium]
to cry (weep)	menangis	[mənaŋis]
to sob (vi)	meratap	[meratap]

111. War. Soldiers

platoon	peleton	[peleton]
company	kompi	[kompi]
regiment	resimen	[resimen]
army	tentara	[tentara]
division	divisi	[divisi]

| section, squad | pasukan | [pasukan] |
| host (army) | tentara | [tentara] |

| soldier | tentara, serdadu | [tentara], [serdadu] |
| officer | perwira | [pərwira] |

private	prajurit	[pradʒʲurit]
sergeant	sersan	[sersan]
lieutenant	letnan	[letnan]
captain	kapten	[kapten]
major	mayor	[major]
colonel	kolonel	[kolonel]
general	jenderal	[dʒʲenderal]

sailor	pelaut	[pelaut]
captain	kapten	[kapten]
boatswain	bosman, bosun	[bosman], [bosun]
artilleryman	tentara artileri	[tentara artileri]
paratrooper	pasukan penerjun	[pasukan penerdʒʲun]
pilot	pilot	[pilot]
navigator	navigator, penavigasi	[navigator], [penavigasi]
mechanic	mekanik	[mekaniʔ]

pioneer (sapper)	pencari ranjau	[pentʃari randʒʲau]
parachutist	parasutis	[parasutis]
reconnaissance scout	pengintai	[peɲintaj]
sniper	penembak jitu	[penembaʔ dʒitu]

patrol (group)	patroli	[patroli]
to patrol (vt)	berpatroli	[bərpatroli]
sentry, guard	pengawal	[peŋawal]
warrior	prajurit	[pradʒʲurit]
hero	pahlawan	[pahlawan]
heroine	pahlawan wanita	[pahlawan wanita]
patriot	patriot	[patriot]

| traitor | pengkhianat | [peŋhianat] |
| to betray (vt) | mengkhianati | [məɲhianati] |

| deserter | desertir | [desertir] |
| to desert (vi) | melakukan desersi | [melakukan desersi] |

mercenary	tentara bayaran	[tentara bajaran]
recruit	rekrut, calon tentara	[rekrut], [tʃalon tentara]
volunteer	sukarelawan	[sukarelawan]

dead (n)	korban meninggal	[korban meniŋgal]
wounded (n)	korban luka	[korban luka]
prisoner of war	tawanan perang	[tawanan peraŋ]

112. War. Military actions. Part 1

| war | perang | [peraŋ] |
| to be at war | berperang | [bərperaŋ] |

civil war	perang saudara	[peraŋ saudara]
treacherously (adv)	secara curang	[setʃara tʃuraŋ]
declaration of war	pernyataan perang	[pərnjataʔan peraŋ]
to declare (~ war)	menyatakan perang	[mənjatakan peraŋ]
aggression	agresi	[agresi]
to attack (invade)	menyerang	[mənjeraŋ]
to invade (vt)	menduduki	[mənduduki]
invader	penduduk	[pendudu']
conqueror	penakluk	[penaklu']
defence	pertahanan	[pertahanan]
to defend (a country, etc.)	mempertahankan	[mempertahankan]
to defend (against ...)	bertahan ...	[bərtahan ...]
enemy	musuh	[musuh]
foe, adversary	lawan	[lawan]
enemy (as adj)	musuh	[musuh]
strategy	strategi	[strategi]
tactics	taktik	[taktiʔ]
order	perintah	[perintah]
command (order)	perintah	[perintah]
to order (vt)	memerintahkan	[memerintahkan]
mission	tugas	[tugas]
secret (adj)	rahasia	[rahasia]
battle	pertempuran	[pertempuran]
combat	pertempuran	[pertempuran]
attack	serangan	[seraŋan]
charge (assault)	serbuan	[serbuan]
to storm (vt)	menyerbu	[mənjerbu]
siege (to be under ~)	kepungan	[kepuŋan]
offensive (n)	serangan	[seraŋan]
to go on the offensive	menyerang	[mənjeraŋ]
retreat	pengunduran	[peŋunduran]
to retreat (vi)	mundur	[mundur]
encirclement	pengepungan	[peŋepuŋan]
to encircle (vt)	mengepung	[məŋepuŋ]
bombing (by aircraft)	pengeboman	[peŋeboman]
to drop a bomb	menjatuhkan bom	[məndʒatuhkan bom]
to bomb (vt)	mengebom	[məŋebom]
explosion	ledakan	[ledakan]
shot	tembakan	[tembakan]
to fire (~ a shot)	melepaskan	[melepaskan]
firing (burst of ~)	penembakan	[penembakan]
to aim (to point a weapon)	membidik	[membidiʔ]
to point (a gun)	mengarahkan	[meŋarahkan]

to hit (the target)	mengenai	[məŋənaj]
to sink (~ a ship)	menenggelamkan	[mənəŋgəlamkan]
hole (in a ship)	lubang	[lubaŋ]
to founder, to sink (vi)	karam	[karam]
front (war ~)	garis depan	[garis depan]
evacuation	evakuasi	[evakuasi]
to evacuate (vt)	mengevakuasi	[məŋevakuasi]
trench	parit perlindungan	[parit pərlinduŋan]
barbed wire	kawat berduri	[kawat bərduri]
barrier (anti tank ~)	rintangan	[rintaŋan]
watchtower	menara	[mənara]
military hospital	rumah sakit militer	[rumah sakit militer]
to wound (vt)	melukai	[melukaj]
wound	luka	[luka]
wounded (n)	korban luka	[korban luka]
to be wounded	terluka	[tərluka]
serious (wound)	parah	[parah]

113. War. Military actions. Part 2

captivity	tawanan	[tawanan]
to take captive	menawan	[mənawan]
to be held captive	ditawan	[ditawan]
to be taken captive	tertawan	[tərtawan]
concentration camp	kamp konsentrasi	[kamp konsentrasi]
prisoner of war	tawanan perang	[tawanan pəraŋ]
to escape (vi)	melarikan diri	[melarikan diri]
to betray (vt)	mengkhianati	[məŋhianati]
betrayer	pengkhianat	[peŋhianat]
betrayal	pengkhianatan	[peŋhianatan]
to execute (by firing squad)	mengeksekusi	[məŋeksekusi]
execution (by firing squad)	eksekusi	[eksekusi]
equipment (military gear)	perlengkapan	[pərleŋkapan]
shoulder board	epolet	[epolet]
gas mask	masker gas	[masker gas]
field radio	pemancar radio	[pemantʃar radio]
cipher, code	kode	[kode]
secrecy	kerahasiaan	[kerahasia'an]
password	kata sandi	[kata sandi]
land mine	ranjau darat	[randʒiau darat]
to mine (road, etc.)	memasang ranjau	[memasaŋ randʒiau]
minefield	padang yang dipenuhi ranjau	[padaŋ yaŋ dipenuhi randʒiau]
air-raid warning	peringatan serangan udara	[pəriŋatan seraŋan udara]
alarm (alert signal)	alarm serangan udara	[alarm seraŋan udara]

| signal | sinyal | [sinjal] |
| signal flare | roket sinyal | [roket sinjal] |

headquarters	markas	[markas]
reconnaissance	pengintaian	[peŋintajan]
situation	keadaan	[keadaʔan]
report	laporan	[laporan]
ambush	penyergapan	[penjergapan]
reinforcement (of army)	bala bantuan	[bala bantuan]

target	sasaran	[sasaran]
training area	lapangan tembak	[lapaŋan tembaʔ]
military exercise	latihan perang	[latihan peraŋ]

panic	panik	[paniʔ]
devastation	pengrusakan	[peŋrusakan]
destruction, ruins	penghancuran	[peŋhantʃuran]
to destroy (vt)	menghancurkan	[meŋhantʃurkan]

to survive (vi, vt)	menyintas	[menjintas]
to disarm (vt)	melucuti	[melutʃuti]
to handle (~ a gun)	mengendalikan	[meŋendalikan]

| Attention! | Siap! | [siap!] |
| At ease! | Istirahat di tempat! | [istirahat di tempat!] |

act of courage	keberanian	[keberanian]
oath (vow)	sumpah	[sumpah]
to swear (an oath)	bersumpah	[bersumpah]

decoration (medal, etc.)	anugerah	[anugerah]
to award (give medal to)	menganugerahi	[meŋanugerahi]
medal	medali	[medali]
order (e.g. ~ of Merit)	bintang kehormatan	[bintaŋ kehormatan]

victory	kemenangan	[kemenaŋan]
defeat	kekalahan	[kekalahan]
armistice	gencatan senjata	[gentʃatan sendʒata]

standard (battle flag)	bendera	[bendera]
glory (honour, fame)	kehormatan	[kehormatan]
parade	parade	[parade]
to march (on parade)	berbaris	[berbaris]

114. Weapons

weapons	senjata	[sendʒata]
firearms	senjata api	[sendʒata api]
cold weapons (knives, etc.)	sejata tajam	[sedʒata tadʒam]

chemical weapons	senjata kimia	[sendʒata kimia]
nuclear (adj)	nuklir	[nuklir]
nuclear weapons	senjata nuklir	[sendʒata nuklir]
bomb	bom	[bom]

atomic bomb	**bom atom**	[bom atom]
pistol (gun)	**pistol**	[pistol]
rifle	**senapan**	[senapan]
submachine gun	**senapan otomatis**	[senapan otomatis]
machine gun	**senapan mesin**	[senapan mesin]
muzzle	**moncong**	[montʃoŋ]
barrel	**laras**	[laras]
calibre	**kaliber**	[kaliber]
trigger	**pelatuk**	[pelatuʔ]
sight (aiming device)	**pembidik**	[pembidiʔ]
magazine	**magasin**	[magasin]
butt (shoulder stock)	**pantat senapan**	[pantat senapan]
hand grenade	**granat tangan**	[granat taŋan]
explosive	**bahan peledak**	[bahan peledaʔ]
bullet	**peluru**	[peluru]
cartridge	**patrun**	[patrun]
charge	**isian**	[isian]
ammunition	**amunisi**	[amunisi]
bomber (aircraft)	**pesawat pengebom**	[pesawat peŋebom]
fighter	**pesawat pemburu**	[pesawat pemburu]
helicopter	**helikopter**	[helikopter]
anti-aircraft gun	**meriam penangkis serangan udara**	[meriam penaŋkis seraŋan udara]
tank	**tank**	[tanʔ]
tank gun	**meriam tank**	[meriam tanʔ]
artillery	**artileri**	[artileri]
gun (cannon, howitzer)	**meriam**	[meriam]
to lay (a gun)	**mengarahkan**	[meŋarahkan]
shell (projectile)	**peluru**	[peluru]
mortar bomb	**peluru mortir**	[peluru mortir]
mortar	**mortir**	[mortir]
splinter (shell fragment)	**serpihan**	[serpihan]
submarine	**kapal selam**	[kapal selam]
torpedo	**torpedo**	[torpedo]
missile	**rudal**	[rudal]
to load (gun)	**mengisi**	[məŋisi]
to shoot (vi)	**menembak**	[mənembaʔ]
to point at (the cannon)	**membidik**	[membidiʔ]
bayonet	**bayonet**	[bajonet]
rapier	**pedang rapier**	[pedaŋ rapier]
sabre (e.g. cavalry ~)	**pedang saber**	[pedaŋ saber]
spear (weapon)	**lembing**	[lembiŋ]
bow	**busur panah**	[busur panah]
arrow	**anak panah**	[anaʔ panah]
musket	**senapan lantak**	[senapan lantaʔ]
crossbow	**busur silang**	[busur silaŋ]

115. Ancient people

primitive (prehistoric)	primitif	[primitif]
prehistoric (adj)	prasejarah	[prasedʒʲarah]
ancient (~ civilization)	kuno	[kuno]
Stone Age	Zaman Batu	[zaman batu]
Bronze Age	Zaman Perunggu	[zaman pəruŋgu]
Ice Age	Zaman Es	[zaman es]
tribe	suku	[suku]
cannibal	kanibal	[kanibal]
hunter	pemburu	[pemburu]
to hunt (vi, vt)	berburu	[bərburu]
mammoth	mamut	[mamut]
cave	gua	[gua]
fire	api	[api]
campfire	api unggun	[api uŋgun]
cave painting	lukisan gua	[lukisan gua]
tool (e.g. stone axe)	alat kerja	[alat kerdʒʲa]
spear	tombak	[tombaʔ]
stone axe	kapak batu	[kapaʔ batu]
to be at war	berperang	[bərperaŋ]
to domesticate (vt)	menjinakkan	[məndʒinaʔkan]
idol	berhala	[bərhala]
to worship (vt)	memuja	[memudʒʲa]
superstition	takhayul	[tahajul]
rite	upacara	[upatʃara]
evolution	evolusi	[evolusi]
development	perkembangan	[pərkembaŋan]
disappearance (extinction)	kehilangan	[kehilaŋan]
to adapt oneself	menyesuaikan diri	[mənjesuajkan diri]
archaeology	arkeologi	[arkeologi]
archaeologist	arkeolog	[arkeolog]
archaeological (adj)	arkeologis	[arkeologis]
excavation site	situs ekskavasi	[situs ekskavasi]
excavations	ekskavasi	[ekskavasi]
find (object)	penemuan	[penemuan]
fragment	fragmen	[fragmen]

116. Middle Ages

people (ethnic group)	rakyat	[rakjat]
peoples	bangsa-bangsa	[baŋsa-baŋsa]
tribe	suku	[suku]
tribes	suku-suku	[suku-suku]
barbarians	kaum barbar	[kaum barbar]

Gauls	kaum Gaul	[kaum gaul]
Goths	kaum Goth	[kaum got]
Slavs	kaum Slavia	[kaum slavia]
Vikings	kaum Viking	[kaum vikiŋ]
Romans	kaum Roma	[kaum roma]
Roman (adj)	Romawi	[romawi]
Byzantines	kaum Byzantium	[kaum bizantium]
Byzantium	Byzantium	[bizantium]
Byzantine (adj)	Byzantium	[bizantium]
emperor	kaisar	[kajsar]
leader, chief (tribal ~)	pemimpin	[pemimpin]
powerful (~ king)	adikuasa, berkuasa	[adikuasa], [bərkuasa]
king	raja	[radʲʲa]
ruler (sovereign)	penguasa	[peŋuasa]
knight	ksatria	[ksatria]
feudal lord	tuan	[tuan]
feudal (adj)	feodal	[feodal]
vassal	vasal	[vasal]
duke	duke	[duke]
earl	earl	[earl]
baron	baron	[baron]
bishop	uskup	[uskup]
armour	baju besi	[badʲʲu besi]
shield	perisai	[pərisaj]
sword	pedang	[pedaŋ]
visor	visor, topeng besi	[visor], [topeŋ besi]
chainmail	baju zirah	[badʲʲu zirah]
Crusade	Perang Salib	[pəraŋ salib]
crusader	kaum salib	[kaum salib]
territory	wilayah	[wilajah]
to attack (invade)	menyerang	[məɲeraŋ]
to conquer (vt)	menaklukkan	[mənaklu'kan]
to occupy (invade)	menduduki	[mənduduki]
siege (to be under ~)	kepungan	[kepuŋan]
besieged (adj)	terkepung	[tərkepuŋ]
to besiege (vt)	mengepung	[məŋepuŋ]
inquisition	inkuisisi	[inkuisisi]
inquisitor	inkuisitor	[inkuisitor]
torture	siksaan	[siksa'an]
cruel (adj)	kejam	[kedʲʲam]
heretic	penganut bidah	[peŋanut bidah]
heresy	bidah	[bidah]
seafaring	pelayaran laut	[pelajaran laut]
pirate	bajak laut	[badʲʲa' laut]
piracy	pembajakan	[pembadʲʲakan]

boarding (attack)	serangan terhadap kapal dari dekat	[seraŋan tərhadap kapal dari dekat]
loot, booty	rampasan	[rampasan]
treasures	harta karun	[harta karun]
discovery	penemuan	[penemuan]
to discover (new land, etc.)	menemukan	[mənemukan]
expedition	ekspedisi	[ekspedisi]
musketeer	musketir	[musketir]
cardinal	kardinal	[kardinal]
heraldry	heraldik	[heraldi']
heraldic (adj)	heraldik	[heraldi']

117. Leader. Chief. Authorities

king	raja	[radʒʲa]
queen	ratu	[ratu]
royal (adj)	kerajaan, raja	[keradʒʲa'an], [radʒʲa]
kingdom	kerajaan	[keradʒʲa'an]
prince	pangeran	[paŋeran]
princess	putri	[putri]
president	presiden	[presiden]
vice-president	wakil presiden	[wakil presiden]
senator	senator	[senator]
monarch	monark	[monar']
ruler (sovereign)	penguasa	[peŋuasa]
dictator	diktator	[diktator]
tyrant	tiran	[tiran]
magnate	magnat	[magnat]
director	direktur	[direktur]
chief	atasan	[atasan]
manager (director)	manajer	[manadʒʲer]
boss	bos	[bos]
owner	pemilik	[pemili']
leader	pemimpin	[pemimpin]
head (~ of delegation)	kepala	[kepala]
authorities	pihak berwenang	[piha' bərwenaŋ]
superiors	atasan	[atasan]
governor	gabernur	[gabernur]
consul	konsul	[konsul]
diplomat	diplomat	[diplomat]
mayor	walikota	[walikota]
sheriff	sheriff	[ʃeriff]
emperor	kaisar	[kajsar]
tsar, czar	tsar, raja	[tsar], [radʒʲa]
pharaoh	firaun	[firaun]
khan	khan	[han]

118. Breaking the law. Criminals. Part 1

bandit	**bandit**	[bandit]
crime	**kejahatan**	[kedʒʲahatan]
criminal (person)	**penjahat**	[pendʒʲahat]
thief	**pencuri**	[pentʃuri]
to steal (vi, vt)	**mencuri**	[məntʃuri]
stealing, theft	**pencurian**	[pentʃurian]
to kidnap (vt)	**menculik**	[məntʃuliʔ]
kidnapping	**penculikan**	[pentʃulikan]
kidnapper	**penculik**	[pentʃuliʔ]
ransom	**uang tebusan**	[uaŋ tebusan]
to demand ransom	**menuntut uang tebusan**	[mənuntut uaŋ tebusan]
to rob (vt)	**merampok**	[merampoʔ]
robbery	**perampokan**	[pərampokan]
robber	**perampok**	[pərampoʔ]
to extort (vt)	**memeras**	[memeras]
extortionist	**pemeras**	[pemeras]
extortion	**pemerasan**	[pemerasan]
to murder, to kill	**membunuh**	[membunuh]
murder	**pembunuhan**	[pembunuhan]
murderer	**pembunuh**	[pembunuh]
gunshot	**tembakan**	[tembakan]
to fire (~ a shot)	**melepaskan**	[melepaskan]
to shoot to death	**menembak mati**	[mənembaʔ mati]
to shoot (vi)	**menembak**	[mənembaʔ]
shooting	**penembakan**	[penembakan]
incident (fight, etc.)	**insiden, kejadian**	[insiden], [kedʒʲadian]
fight, brawl	**perkelahian**	[pərkelahian]
Help!	**Tolong!**	[toloŋ!]
victim	**korban**	[korban]
to damage (vt)	**merusak**	[merusaʔ]
damage	**kerusakan**	[kerusakan]
dead body, corpse	**jenazah, mayat**	[dʒʲenazah], [majat]
grave (~ crime)	**berat**	[berat]
to attack (vt)	**menyerang**	[mənjeraŋ]
to beat (to hit)	**memukul**	[memukul]
to beat up	**memukuli**	[memukuli]
to take (rob of sth)	**merebut**	[merebut]
to stab to death	**menikam mati**	[mənikam mati]
to maim (vt)	**mencederai**	[məntʃederaj]
to wound (vt)	**melukai**	[melukaj]
blackmail	**pemerasan**	[pemerasan]
to blackmail (vt)	**memeras**	[memeras]

blackmailer	pemeras	[pemeras]
protection racket	pemerasan	[pemerasan]
racketeer	pemeras	[pemeras]
gangster	gangster, preman	[gaŋster], [preman]
mafia	mafia	[mafia]
pickpocket	pencopet	[pentʃopet]
burglar	perampok	[pərampoʔ]
smuggling	penyelundupan	[penjelundupan]
smuggler	penyelundup	[penjelundup]
forgery	pemalsuan	[pemalsuan]
to forge (counterfeit)	memalsukan	[memalsukan]
fake (forged)	palsu	[palsu]

119. Breaking the law. Criminals. Part 2

rape	pemerkosaan	[pemerkosaʔan]
to rape (vt)	memerkosa	[memerkosa]
rapist	pemerkosa	[pemerkosa]
maniac	maniak	[maniaʔ]
prostitute (fem.)	pelacur	[pelatʃur]
prostitution	pelacuran	[pelatʃuran]
pimp	germo	[germo]
drug addict	pecandu narkoba	[petʃandu narkoba]
drug dealer	pengedar narkoba	[peŋedar narkoba]
to blow up (bomb)	meledakkan	[meledaʔkan]
explosion	ledakan	[ledakan]
to set fire	membakar	[membakar]
arsonist	pelaku pembakaran	[pelaku pembakaran]
terrorism	terorisme	[tərorisme]
terrorist	teroris	[təroris]
hostage	sandera	[sandera]
to swindle (deceive)	menipu	[mənipu]
swindle, deception	penipuan	[penipuan]
swindler	penipu	[penipu]
to bribe (vt)	menyuap	[mənyuap]
bribery	penyuapan	[penyuapan]
bribe	uang suap, suapan	[uaŋ suap], [suapan]
poison	racun	[ratʃun]
to poison (vt)	meracuni	[meratʃuni]
to poison oneself	meracuni diri sendiri	[meratʃuni diri sendiri]
suicide (act)	bunuh diri	[bunuh diri]
suicide (person)	pelaku bunuh diri	[pelaku bunuh diri]
to threaten (vt)	mengancam	[məɲantʃam]
threat	ancaman	[antʃaman]

to make an attempt	melakukan percobaan pembunuhan	[melakukan pərtʃobaʔan pembunuhan]
attempt (attack)	percobaan pembunuhan	[pərtʃobaʔan pembunuhan]
to steal (a car)	mencuri	[məntʃuri]
to hijack (a plane)	membajak	[membadʒʲaʔ]
revenge	dendam	[dendam]
to avenge (get revenge)	membalas dendam	[membalas dendam]
to torture (vt)	menyiksa	[məɲiksa]
torture	siksaan	[siksaʔan]
to torment (vt)	menyiksa	[məɲiksa]
pirate	bajak laut	[badʒʲaʔ laut]
hooligan	berandal	[bərandal]
armed (adj)	bersenjata	[bərsendʒʲata]
violence	kekerasan	[kekerasan]
illegal (unlawful)	ilegal	[ilegal]
spying (espionage)	spionase	[spionase]
to spy (vi)	memata-matai	[memata-mataj]

120. Police. Law. Part 1

justice	keadilan	[keadilan]
court (see you in ~)	pengadilan	[peɲadilan]
judge	hakim	[hakim]
jurors	anggota juri	[aŋgota dʒʲuri]
jury trial	pengadilan juri	[peɲadilan dʒʲuri]
to judge (vt)	mengadili	[məɲadili]
lawyer, barrister	advokat, pengacara	[advokat], [peɲatʃara]
defendant	terdakwa	[tərdakwa]
dock	bangku terdakwa	[baŋku tərdakwa]
charge	tuduhan	[tuduhan]
accused	terdakwa	[tərdakwa]
sentence	hukuman	[hukuman]
to sentence (vt)	menjatuhkan hukuman	[məndʒʲatuhkan hukuman]
guilty (culprit)	bersalah	[bərsalah]
to punish (vt)	menghukum	[məɲhukum]
punishment	hukuman	[hukuman]
fine (penalty)	denda	[denda]
life imprisonment	penjara seumur hidup	[pendʒʲara seumur hidup]
death penalty	hukuman mati	[hukuman mati]
electric chair	kursi listrik	[kursi listriʔ]
gallows	tiang gantungan	[tiaŋ gantuŋan]
to execute (vt)	menjalankan hukuman mati	[məndʒʲalankan hukuman mati]

execution	hukuman mati	[hukuman mati]
prison	penjara	[pendʒʲara]
cell	sel	[sel]
escort	pengawal	[peŋawal]
prison officer	sipir, penjaga penjara	[sipir], [pendʒʲaga pendʒʲara]
prisoner	tahanan	[tahanan]
handcuffs	borgol	[borgol]
to handcuff (vt)	memborgol	[memborgol]
prison break	pelarian	[pelarian]
to break out (vi)	melarikan diri	[melarikan diri]
to disappear (vi)	menghilang	[məɲhilaŋ]
to release (from prison)	membebaskan	[membebaskan]
amnesty	amnesti	[amnesti]
police	polisi, kepolisian	[polisi], [kepolisian]
police officer	polisi	[polisi]
police station	kantor polisi	[kantor polisi]
truncheon	pentungan karet	[pentuŋan karet]
megaphone (loudhailer)	pengeras suara	[peŋeras suara]
patrol car	mobil patroli	[mobil patroli]
siren	sirene	[sirene]
to turn on the siren	membunyikan sirene	[membunjikan sirene]
siren call	suara sirene	[suara sirene]
crime scene	tempat kejadian perkara	[tempat kedʒʲadian pərkara]
witness	saksi	[saksi]
freedom	kebebasan	[kebebasan]
accomplice	kaki tangan	[kaki taŋan]
to flee (vi)	melarikan diri	[melarikan diri]
trace (to leave a ~)	jejak	[dʒʲedʒʲaʔ]

121. Police. Law. Part 2

search (investigation)	pencarian	[pentʃarian]
to look for ...	mencari ...	[məntʃari ...]
suspicion	kecurigaan	[ketʃuriga'an]
suspicious (e.g., ~ vehicle)	mencurigakan	[məntʃurigakan]
to stop (cause to halt)	menghentikan	[məŋhentikan]
to detain (keep in custody)	menahan	[mənahan]
case (lawsuit)	kasus, perkara	[kasus], [pərkara]
investigation	investigasi, penyidikan	[investigasi], [penjidikan]
detective	detektif	[detektif]
investigator	penyidik	[penjidiʔ]
hypothesis	hipotesis	[hipotesis]
motive	motif	[motif]
interrogation	interogasi	[interogasi]
to interrogate (vt)	menginterogasi	[məŋinterogasi]
to question (~ neighbors, etc.)	menanyai	[mənanjaj]

check (identity ~)	pemeriksaan	[pemeriksa'an]
round-up	razia	[razia]
search (~ warrant)	penggeledahan	[peŋgeledahan]
chase (pursuit)	pengejaran, perburuan	[peŋedʒʲaran], [pərburuan]
to pursue, to chase	mengejar	[məŋedʒʲar]
to track (a criminal)	melacak	[melatʃa']
arrest	penahanan	[penahanan]
to arrest (sb)	menahan	[mənahan]
to catch (thief, etc.)	menangkap	[mənaŋkap]
capture	penangkapan	[penaŋkapan]
document	dokumen	[dokumen]
proof (evidence)	bukti	[bukti]
to prove (vt)	membuktikan	[membuktikan]
footprint	jejak	[dʒʲedʒʲa']
fingerprints	sidik jari	[sidi' dʒʲari]
piece of evidence	barang bukti	[baraŋ bukti]
alibi	alibi	[alibi]
innocent (not guilty)	tidak bersalah	[tida' bərsalah]
injustice	ketidakadilan	[ketidakadilan]
unjust, unfair (adj)	tidak adil	[tida' adil]
criminal (adj)	pidana	[pidana]
to confiscate (vt)	menyita	[mənjita]
drug (illegal substance)	narkoba	[narkoba]
weapon, gun	senjata	[sendʒʲata]
to disarm (vt)	melucuti	[melutʃuti]
to order (command)	memerintahkan	[memerintahkan]
to disappear (vi)	menghilang	[məŋhilaŋ]
law	hukum	[hukum]
legal, lawful (adj)	sah	[sah]
illegal, illicit (adj)	tidak sah	[tida' sah]
responsibility (blame)	tanggung jawab	[taŋguŋ dʒʲawab]
responsible (adj)	bertanggung jawab	[bərtaŋguŋ dʒʲawab]

NATURE

The Earth. Part 1

122. Outer space

space	angkasa	[aŋkasa]
space (as adj)	angkasa	[aŋkasa]
outer space	ruang angkasa	[ruaŋ aŋkasa]
world	dunia	[dunia]
universe	jagat raya	[dʒagat raja]
galaxy	galaksi	[galaksi]
star	bintang	[bintaŋ]
constellation	gugusan bintang	[gugusan bintaŋ]
planet	planet	[planet]
satellite	satelit	[satelit]
meteorite	meteorit	[meteorit]
comet	komet	[komet]
asteroid	asteroid	[asteroid]
orbit	orbit	[orbit]
to revolve (~ around the Earth)	berputar	[berputar]
atmosphere	atmosfer	[atmosfer]
the Sun	matahari	[matahari]
solar system	tata surya	[tata surja]
solar eclipse	gerhana matahari	[gerhana matahari]
the Earth	Bumi	[bumi]
the Moon	Bulan	[bulan]
Mars	Mars	[mars]
Venus	Venus	[venus]
Jupiter	Yupiter	[yupiter]
Saturn	Saturnus	[saturnus]
Mercury	Merkurius	[merkurius]
Uranus	Uranus	[uranus]
Neptune	Neptunus	[neptunus]
Pluto	Pluto	[pluto]
Milky Way	Bimasakti	[bimasakti]
Great Bear (Ursa Major)	Ursa Major	[ursa madʒor]
North Star	Bintang Utara	[bintaŋ utara]
Martian	makhluk Mars	[mahluʔ mars]
extraterrestrial (n)	makhluk ruang angkasa	[mahluʔ ruaŋ aŋkasa]

alien	alien, makhluk asing	[alien], [mahlu' asiŋ]
flying saucer	piring terbang	[piriŋ tərbaŋ]
spaceship	kapal antariksa	[kapal antariksa]
space station	stasiun antariksa	[stasiun antariksa]
blast-off	peluncuran	[peluntʃuran]
engine	mesin	[mesin]
nozzle	nosel	[nosel]
fuel	bahan bakar	[bahan bakar]
cockpit, flight deck	kokpit	[kokpit]
aerial	antena	[antena]
porthole	jendela	[dʒʲendela]
solar panel	sel surya	[sel surja]
spacesuit	pakaian antariksa	[pakajan antariksa]
weightlessness	keadaan tanpa bobot	[keada'an tanpa bobot]
oxygen	oksigen	[oksigen]
docking (in space)	penggabungan	[peŋgabuŋan]
to dock (vi, vt)	bergabung	[bərgabuŋ]
observatory	observatorium	[observatorium]
telescope	teleskop	[teleskop]
to observe (vt)	mengamati	[məŋamati]
to explore (vt)	mengeksplorasi	[məŋeksplorasi]

123. The Earth

the Earth	Bumi	[bumi]
the globe (the Earth)	bola Bumi	[bola bumi]
planet	planet	[planet]
atmosphere	atmosfer	[atmosfer]
geography	geografi	[geografi]
nature	alam	[alam]
globe (table ~)	globe	[globe]
map	peta	[peta]
atlas	atlas	[atlas]
Europe	Eropa	[eropa]
Asia	Asia	[asia]
Africa	Afrika	[afrika]
Australia	Australia	[australia]
America	Amerika	[amerika]
North America	Amerika Utara	[amerika utara]
South America	Amerika Selatan	[amerika selatan]
Antarctica	Antartika	[antartika]
the Arctic	Arktika	[arktika]

124. Cardinal directions

north	utara	[utara]
to the north	ke utara	[ke utara]
in the north	di utara	[di utara]
northern (adj)	utara	[utara]
south	selatan	[selatan]
to the south	ke selatan	[ke selatan]
in the south	di selatan	[di selatan]
southern (adj)	selatan	[selatan]
west	barat	[barat]
to the west	ke barat	[ke barat]
in the west	di barat	[di barat]
western (adj)	barat	[barat]
east	timur	[timur]
to the east	ke timur	[ke timur]
in the east	di timur	[di timur]
eastern (adj)	timur	[timur]

125. Sea. Ocean

sea	laut	[laut]
ocean	samudra	[samudra]
gulf (bay)	teluk	[telu']
straits	selat	[selat]
land (solid ground)	daratan	[daratan]
continent (mainland)	benua	[benua]
island	pulau	[pulau]
peninsula	semenanjung, jazirah	[semenandʒʲuŋ], [dʒʲazirah]
archipelago	kepulauan	[kepulauan]
bay, cove	teluk	[telu']
harbour	pelabuhan	[pelabuhan]
lagoon	laguna	[laguna]
cape	tanjung	[tandʒʲuŋ]
atoll	pulau karang	[pulau karaŋ]
reef	terumbu	[tərumbu]
coral	karang	[karaŋ]
coral reef	terumbu karang	[tərumbu karaŋ]
deep (adj)	dalam	[dalam]
depth (deep water)	kedalaman	[kedalaman]
abyss	jurang	[dʒʲuraŋ]
trench (e.g. Mariana ~)	palung	[paluŋ]
current (Ocean ~)	arus	[arus]
to surround (bathe)	berbatasan dengan	[bərbatasan deŋan]

shore	pantai	[pantaj]
coast	pantai	[pantaj]
flow (flood tide)	air pasang	[air pasaŋ]
ebb (ebb tide)	air surut	[air surut]
shoal	beting	[betiŋ]
bottom (~ of the sea)	dasar	[dasar]
wave	gelombang	[gelombaŋ]
crest (~ of a wave)	puncak gelombang	[puntʃa' gelombaŋ]
spume (sea foam)	busa, buih	[busa], [buih]
storm (sea storm)	badai	[badaj]
hurricane	topan	[topan]
tsunami	tsunami	[tsunami]
calm (dead ~)	angin tenang	[aŋin tenaŋ]
quiet, calm (adj)	tenang	[tenaŋ]
pole	kutub	[kutub]
polar (adj)	kutub	[kutub]
latitude	lintang	[lintaŋ]
longitude	garis bujur	[garis budʒ¹ur]
parallel	sejajar	[sedʒ¹adʒ¹ar]
equator	khatulistiwa	[hatulistiwa]
sky	langit	[laŋit]
horizon	horizon	[horizon]
air	udara	[udara]
lighthouse	mercusuar	[mertʃusuar]
to dive (vi)	menyelam	[mənjelam]
to sink (ab. boat)	karam	[karam]
treasures	harta karun	[harta karun]

126. Seas & Oceans names

Atlantic Ocean	Samudra Atlantik	[samudra atlanti']
Indian Ocean	Samudra Hindia	[samudra hindia]
Pacific Ocean	Samudra Pasifik	[samudra pasifi']
Arctic Ocean	Samudra Arktik	[samudra arkti']
Black Sea	Laut Hitam	[laut hitam]
Red Sea	Laut Merah	[laut merah]
Yellow Sea	Laut Kuning	[laut kuniŋ]
White Sea	Laut Putih	[laut putih]
Caspian Sea	Laut Kaspia	[laut kaspia]
Dead Sea	Laut Mati	[laut mati]
Mediterranean Sea	Laut Tengah	[laut teŋah]
Aegean Sea	Laut Aegean	[laut aegean]
Adriatic Sea	Laut Adriatik	[laut adriati']
Arabian Sea	Laut Arab	[laut arab]

Sea of Japan	Laut Jepang	[laut dʒʲepaŋ]
Bering Sea	Laut Bering	[laut bəriŋ]
South China Sea	Laut Cina Selatan	[laut tʃina selatan]

Coral Sea	Laut Karang	[laut karaŋ]
Tasman Sea	Laut Tasmania	[laut tasmania]
Caribbean Sea	Laut Karibia	[laut karibia]

| Barents Sea | Laut Barents | [laut barents] |
| Kara Sea | Laut Kara | [laut kara] |

North Sea	Laut Utara	[laut utara]
Baltic Sea	Laut Baltik	[laut baltiʔ]
Norwegian Sea	Laut Norwegia	[laut norwegia]

127. Mountains

mountain	gunung	[gunuŋ]
mountain range	jajaran gunung	[dʒʲadʒʲaran gunuŋ]
mountain ridge	sisir gunung	[sisir gunuŋ]

summit, top	puncak	[puntʃaʔ]
peak	puncak	[puntʃaʔ]
foot (~ of the mountain)	kaki	[kaki]
slope (mountainside)	lereng	[lereŋ]

volcano	gunung api	[gunuŋ api]
active volcano	gunung api yang aktif	[gunuŋ api yaŋ aktif]
dormant volcano	gunung api yang tidak aktif	[gunuŋ api yaŋ tidaʔ aktif]

eruption	erupsi, letusan	[erupsi], [letusan]
crater	kawah	[kawah]
magma	magma	[magma]
lava	lava, lahar	[lava], [lahar]
molten (~ lava)	pijar	[pidʒʲar]

canyon	kanyon	[kanjon]
gorge	jurang	[dʒʲuraŋ]
crevice	celah	[tʃelah]
abyss (chasm)	jurang	[dʒʲuraŋ]

pass, col	pass, celah	[pass], [tʃelah]
plateau	plato, dataran tinggi	[plato], [dataran tiŋgi]
cliff	tebing	[tebiŋ]
hill	bukit	[bukit]

glacier	gletser	[gletser]
waterfall	air terjun	[air tərdʒʲun]
geyser	geiser	[geyser]
lake	danau	[danau]

plain	dataran	[dataran]
landscape	landskap	[landskap]
echo	gema	[gema]

alpinist	**pendaki gunung**	[pendaki gunuŋ]
rock climber	**pemanjat tebing**	[pemandʒʲat tebiŋ]
to conquer (in climbing)	**menaklukkan**	[mənakluʔkan]
climb (an easy ~)	**pendakian**	[pendakian]

128. Mountains names

The Alps	**Alpen**	[alpen]
Mont Blanc	**Mont Blanc**	[mon blan]
The Pyrenees	**Pirenia**	[pirenia]
The Carpathians	**Pegunungan Karpatia**	[pegunuŋan karpatia]
The Ural Mountains	**Pegunungan Ural**	[pegunuŋan ural]
The Caucasus Mountains	**Kaukasus**	[kaukasus]
Mount Elbrus	**Elbrus**	[elbrus]
The Altai Mountains	**Altai**	[altaj]
The Tian Shan	**Tien Shan**	[tjen ʃan]
The Pamir Mountains	**Pegunungan Pamir**	[pegunuŋan pamir]
The Himalayas	**Himalaya**	[himalaja]
Mount Everest	**Everest**	[everest]
The Andes	**Andes**	[andes]
Mount Kilimanjaro	**Kilimanjaro**	[kilimandʒʲaro]

129. Rivers

river	**sungai**	[suŋaj]
spring (natural source)	**mata air**	[mata air]
riverbed (river channel)	**badan sungai**	[badan suŋaj]
basin (river valley)	**basin**	[basin]
to flow into ...	**mengalir ke ...**	[məŋalir ke ...]
tributary	**anak sungai**	[anaʔ suŋaj]
bank (of river)	**tebing sungai**	[tebiŋ suŋaj]
current (stream)	**arus**	[arus]
downstream (adv)	**ke hilir**	[ke hilir]
upstream (adv)	**ke hulu**	[ke hulu]
inundation	**banjir**	[bandʒir]
flooding	**banjir**	[bandʒir]
to overflow (vi)	**membanjiri**	[membandʒiri]
to flood (vt)	**membanjiri**	[membandʒiri]
shallow (shoal)	**beting**	[betiŋ]
rapids	**jeram**	[dʒʲeram]
dam	**dam, bendungan**	[dam], [benduŋan]
canal	**kanal, terusan**	[kanal], [tərusan]
reservoir (artificial lake)	**waduk**	[waduʔ]
sluice, lock	**pintu air**	[pintu air]

water body (pond, etc.)	kolam	[kolam]
swamp (marshland)	rawa	[rawa]
bog, marsh	bencah, paya	[bentʃah], [paja]
whirlpool	pusaran air	[pusaran air]

stream (brook)	selokan	[selokan]
drinking (ab. water)	minum	[minum]
fresh (~ water)	tawar	[tawar]

| ice | es | [es] |
| to freeze over (ab. river, etc.) | membeku | [membeku] |

130. Rivers names

| Seine | Seine | [seine] |
| Loire | Loire | [loire] |

Thames	Thames	[tems]
Rhine	Rein	[reyn]
Danube	Donau	[donau]

Volga	Volga	[volga]
Don	Don	[don]
Lena	Lena	[lena]

Yellow River	Suang Kuning	[suaŋ kuniŋ]
Yangtze	Yangtze	[yaŋtze]
Mekong	Mekong	[mekoŋ]
Ganges	Gangga	[gaŋga]

Nile River	Sungai Nil	[suŋaj nil]
Congo River	Kongo	[koŋo]
Okavango River	Okavango	[okavaŋo]
Zambezi River	Zambezi	[zambezi]
Limpopo River	Limpopo	[limpopo]
Mississippi River	Mississippi	[misisipi]

131. Forest

| forest, wood | hutan | [hutan] |
| forest (as adj) | hutan | [hutan] |

thick forest	hutan lebat	[hutan lebat]
grove	hutan kecil	[hutan ketʃil]
forest clearing	pembukaan hutan	[pembuka'an hutan]

| thicket | semak belukar | [sema' belukar] |
| scrubland | belukar | [belukar] |

footpath (troddenpath)	jalan setapak	[dʒʲalan setapa']
gully	parit	[parit]
tree	pohon	[pohon]

leaf	**daun**	[daun]
leaves (foliage)	**daun-daunan**	[daun-daunan]
fall of leaves	**daun berguguran**	[daun bərguguran]
to fall (ab. leaves)	**luruh**	[luruh]
top (of the tree)	**puncak**	[puntʃaʼ]
branch	**cabang**	[tʃabaŋ]
bough	**dahan**	[dahan]
bud (on shrub, tree)	**tunas**	[tunas]
needle (of pine tree)	**daun jarum**	[daun dʒiarum]
fir cone	**buah pinus**	[buah pinus]
hollow (in a tree)	**lubang pohon**	[lubaŋ pohon]
nest	**sarang**	[saraŋ]
burrow (animal hole)	**lubang**	[lubaŋ]
trunk	**batang**	[bataŋ]
root	**akar**	[akar]
bark	**kulit**	[kulit]
moss	**lumut**	[lumut]
to uproot (remove trees or tree stumps)	**mencabut**	[məntʃabut]
to chop down	**menebang**	[mənebaŋ]
to deforest (vt)	**deforestasi, penggundulan hutan**	[deforestasi], [peŋgundulan hutan]
tree stump	**tunggul**	[tuŋgul]
campfire	**api unggun**	[api uŋgun]
forest fire	**kebakaran hutan**	[kebakaran hutan]
to extinguish (vt)	**memadamkan**	[memadamkan]
forest ranger	**penjaga hutan**	[pendʒiaga hutan]
protection	**perlindungan**	[pərlinduŋan]
to protect (~ nature)	**melindungi**	[melinduŋi]
poacher	**pemburu ilegal**	[pemburu ilegal]
steel trap	**perangkap**	[peraŋkap]
to gather, to pick (vt)	**memetik**	[memetiʼ]
to lose one's way	**tersesat**	[tərsesat]

132. Natural resources

natural resources	**sumber daya alam**	[sumber daja alam]
minerals	**bahan tambang**	[bahan tambaŋ]
deposits	**endapan**	[endapan]
field (e.g. oilfield)	**ladang**	[ladaŋ]
to mine (extract)	**menambang**	[mənambaŋ]
mining (extraction)	**pertambangan**	[pərtambaŋan]
ore	**bijih**	[bidʒih]
mine (e.g. for coal)	**tambang**	[tambaŋ]
shaft (mine ~)	**sumur tambang**	[sumur tambaŋ]

miner	**penambang**	[penambaŋ]
gas (natural ~)	**gas**	[gas]
gas pipeline	**pipa saluran gas**	[pipa saluran gas]
oil (petroleum)	**petroleum, minyak**	[petroleum], [minjaʔ]
oil pipeline	**pipa saluran minyak**	[pipa saluran minjaʔ]
oil well	**sumur minyak**	[sumur minjaʔ]
derrick (tower)	**menara bor minyak**	[mənara bor minjaʔ]
tanker	**kapal tangki**	[kapal taŋki]
sand	**pasir**	[pasir]
limestone	**batu kapur**	[batu kapur]
gravel	**kerikil**	[kerikil]
peat	**gambut**	[gambut]
clay	**tanah liat**	[tanah liat]
coal	**arang**	[araŋ]
iron (ore)	**besi**	[besi]
gold	**emas**	[emas]
silver	**perak**	[peraʔ]
nickel	**nikel**	[nikel]
copper	**tembaga**	[tembaga]
zinc	**seng**	[seŋ]
manganese	**mangan**	[maŋan]
mercury	**air raksa**	[air raksa]
lead	**timbal**	[timbal]
mineral	**mineral**	[mineral]
crystal	**kristal, hablur**	[kristal], [hablur]
marble	**marmer**	[marmer]
uranium	**uranium**	[uranium]

The Earth. Part 2

133. Weather

weather	cuaca	[tʃuatʃa]
weather forecast	prakiraan cuaca	[prakira'an tʃuatʃa]
temperature	temperatur, suhu	[temperatur], [suhu]
thermometer	termometer	[tərmometər]
barometer	barometer	[barometer]

| humid (adj) | lembap | [lembap] |
| humidity | kelembapan | [kelembapan] |

heat (extreme ~)	panas, gerah	[panas], [gerah]
hot (torrid)	panas terik	[panas təri']
it's hot	panas	[panas]

| it's warm | hangat | [haŋat] |
| warm (moderately hot) | hangat | [haŋat] |

| it's cold | dingin | [diŋin] |
| cold (adj) | dingin | [diŋin] |

sun	matahari	[matahari]
to shine (vi)	bersinar	[bərsinar]
sunny (day)	cerah	[tʃerah]
to come up (vi)	terbit	[terbit]
to set (vi)	terbenam	[tərbenam]

cloud	awan	[awan]
cloudy (adj)	berawan	[bərawan]
rain cloud	awan mendung	[awan menduŋ]
somber (gloomy)	mendung	[menduŋ]

rain	hujan	[hudʒʲan]
it's raining	hujan turun	[hudʒʲan turun]
rainy (~ day, weather)	hujan	[hudʒʲan]
to drizzle (vi)	gerimis	[gerimis]

pouring rain	hujan lebat	[hudʒʲan lebat]
downpour	hujan lebat	[hudʒʲan lebat]
heavy (e.g. ~ rain)	lebat	[lebat]

| puddle | kubangan | [kubaŋan] |
| to get wet (in rain) | kehujanan | [kehudʒʲanan] |

fog (mist)	kabut	[kabut]
foggy	berkabut	[bərkabut]
snow	salju	[saldʒʲu]
it's snowing	turun salju	[turun saldʒʲu]

134. Severe weather. Natural disasters

thunderstorm	hujan badai	[hudʒian badaj]
lightning (~ strike)	kilat	[kilat]
to flash (vi)	berkilau	[berkilau]
thunder	petir	[petir]
to thunder (vi)	bergemuruh	[bergemuruh]
it's thundering	bergemuruh	[bergemuruh]
hail	hujan es	[hudʒian es]
it's hailing	hujan es	[hudʒian es]
to flood (vt)	membanjiri	[membandʒiri]
flood, inundation	banjir	[bandʒir]
earthquake	gempa bumi	[gempa bumi]
tremor, quake	gempa	[gempa]
epicentre	episentrum	[episentrum]
eruption	erupsi, letusan	[erupsi], [letusan]
lava	lava, lahar	[lava], [lahar]
twister	puting beliung	[putiŋ beliuŋ]
tornado	tornado	[tornado]
typhoon	topan	[topan]
hurricane	topan	[topan]
storm	badai	[badaj]
tsunami	tsunami	[tsunami]
cyclone	siklon	[siklon]
bad weather	cuaca buruk	[tʃuatʃa buruʔ]
fire (accident)	kebakaran	[kebakaran]
disaster	bencana	[bentʃana]
meteorite	meteorit	[meteorit]
avalanche	longsor	[loŋsor]
snowslide	salju longsor	[saldʒiu loŋsor]
blizzard	badai salju	[badaj saldʒiu]
snowstorm	badai salju	[badaj saldʒiu]

Fauna

135. Mammals. Predators

predator	predator, pemangsa	[predator], [pemaŋsa]
tiger	harimau	[harimau]
lion	singa	[siŋa]
wolf	serigala	[serigala]
fox	rubah	[rubah]
jaguar	jaguar	[dʒʲaguar]
leopard	leopard, macan tutul	[leopard], [matʃan tutul]
cheetah	cheetah	[tʃeetah]
black panther	harimau kumbang	[harimau kumbaŋ]
puma	singa gunung	[siŋa gunuŋ]
snow leopard	harimau bintang salju	[harimau bintaŋ saldʒʲu]
lynx	lynx	[links]
coyote	koyote	[koyot]
jackal	jakal	[dʒʲakal]
hyena	hiena	[hiena]

136. Wild animals

animal	binatang	[binataŋ]
beast (animal)	binatang buas	[binataŋ buas]
squirrel	bajing	[badʒiŋ]
hedgehog	landak susu	[landaʔ susu]
hare	terwelu	[tərwelu]
rabbit	kelinci	[kelintʃi]
badger	luak	[luaʔ]
raccoon	rakun	[rakun]
hamster	hamster	[hamster]
marmot	marmut	[marmut]
mole	tikus mondok	[tikus mondoʔ]
mouse	tikus	[tikus]
rat	tikus besar	[tikus besar]
bat	kelelawar	[kelelawar]
ermine	ermin	[ermin]
sable	sabel	[sabel]
marten	marten	[marten]
weasel	musang	[musaŋ]
mink	cerpelai	[tʃerpelaj]

beaver	beaver	[beaver]
otter	berang-berang	[bəraŋ-bəraŋ]
horse	kuda	[kuda]
moose	rusa besar	[rusa besar]
deer	rusa	[rusa]
camel	unta	[unta]
bison	bison	[bison]
aurochs	aurochs	[oroks]
buffalo	kerbau	[kerbau]
zebra	kuda belang	[kuda belaŋ]
antelope	antelop	[antelop]
roe deer	kijang	[kidʒʲaŋ]
fallow deer	rusa	[rusa]
chamois	chamois	[ʃemva]
wild boar	babi hutan jantan	[babi hutan dʒʲantan]
whale	ikan paus	[ikan paus]
seal	anjing laut	[andʒiŋ laut]
walrus	walrus	[walrus]
fur seal	anjing laut berbulu	[andʒiŋ laut bərbulu]
dolphin	lumba-lumba	[lumba-lumba]
bear	beruang	[bəruaŋ]
polar bear	beruang kutub	[bəruaŋ kutub]
panda	panda	[panda]
monkey	monyet	[monjet]
chimpanzee	simpanse	[simpanse]
orangutan	orang utan	[oraŋ utan]
gorilla	gorila	[gorila]
macaque	kera	[kera]
gibbon	siamang, ungka	[siamaŋ], [uŋka]
elephant	gajah	[gadʒʲah]
rhinoceros	badak	[badaʔ]
giraffe	jerapah	[dʒʲerapah]
hippopotamus	kuda nil	[kuda nil]
kangaroo	kanguru	[kaŋuru]
koala (bear)	koala	[koala]
mongoose	garangan	[garaŋan]
chinchilla	chinchilla	[tʃintʃilla]
skunk	sigung	[siguŋ]
porcupine	landak	[landaʔ]

137. Domestic animals

cat	kucing betina	[kutʃiŋ betina]
tomcat	kucing jantan	[kutʃiŋ dʒʲantan]
dog	anjing	[andʒiŋ]

horse	kuda	[kuda]
stallion (male horse)	kuda jantan	[kuda dʒˈantan]
mare	kuda betina	[kuda betina]
cow	sapi	[sapi]
bull	sapi jantan	[sapi dʒˈantan]
ox	lembu jantan	[lembu dʒˈantan]
sheep (ewe)	domba	[domba]
ram	domba jantan	[domba dʒˈantan]
goat	kambing betina	[kambiŋ betina]
billy goat, he-goat	kambing jantan	[kambiŋ dʒˈantan]
donkey	keledai	[keledaj]
mule	bagal	[bagal]
pig	babi	[babi]
piglet	anak babi	[anaʔ babi]
rabbit	kelinci	[kelintʃi]
hen (chicken)	ayam betina	[ajam betina]
cock	ayam jago	[ajam dʒˈago]
duck	bebek	[bebeʔ]
drake	bebek jantan	[bebeʔ dʒˈantan]
goose	angsa	[aŋsa]
tom turkey, gobbler	kalkun jantan	[kalkun dʒˈantan]
turkey (hen)	kalkun betina	[kalkun betina]
domestic animals	binatang piaraan	[binataŋ piaraʔan]
tame (e.g. ~ hamster)	jinak	[dʒinaʔ]
to tame (vt)	menjinakkan	[məndʒinaʔkan]
to breed (vt)	membiakkan	[membiaʔkan]
farm	peternakan	[peternakan]
poultry	unggas	[uŋgas]
cattle	ternak	[ternaʔ]
herd (cattle)	kawanan	[kawanan]
stable	kandang kuda	[kandaŋ kuda]
pigsty	kandang babi	[kandaŋ babi]
cowshed	kandang sapi	[kandaŋ sapi]
rabbit hutch	sangkar kelinci	[saŋkar kelintʃi]
hen house	kandang ayam	[kandaŋ ajam]

138. Birds

bird	burung	[buruŋ]
pigeon	burung dara	[buruŋ dara]
sparrow	burung gereja	[buruŋ geredʒˈa]
tit (great tit)	burung tit	[buruŋ tit]
magpie	burung murai	[buruŋ muraj]
raven	burung raven	[buruŋ raven]

crow	burung gagak	[buruŋ gagaʔ]
jackdaw	burung gagak kecil	[buruŋ gagaʔ ketʃil]
rook	burung rook	[buruŋ rooʔ]
duck	bebek	[bebeʔ]
goose	angsa	[aŋsa]
pheasant	burung kuau	[buruŋ kuau]
eagle	rajawali	[radʒʲawali]
hawk	elang	[elaŋ]
falcon	alap-alap	[alap-alap]
vulture	hering	[heriŋ]
condor (Andean ~)	kondor	[kondor]
swan	angsa	[aŋsa]
crane	burung jenjang	[buruŋ dʒʲendʒʲaŋ]
stork	bangau	[baŋau]
parrot	burung nuri	[buruŋ nuri]
hummingbird	burung kolibri	[buruŋ kolibri]
peacock	burung merak	[buruŋ meraʔ]
ostrich	burung unta	[buruŋ unta]
heron	kuntul	[kuntul]
flamingo	burung flamingo	[buruŋ flamiŋo]
pelican	pelikan	[pelikan]
nightingale	burung bulbul	[buruŋ bulbul]
swallow	burung walet	[buruŋ walet]
thrush	burung jalak	[buruŋ dʒʲalaʔ]
song thrush	burung jalak suren	[buruŋ dʒʲalaʔ suren]
blackbird	burung jalak hitam	[buruŋ dʒʲalaʔ hitam]
swift	burung apus-apus	[buruŋ apus-apus]
lark	burung lark	[buruŋ larʔ]
quail	burung puyuh	[buruŋ puyuh]
woodpecker	burung pelatuk	[buruŋ pelatuʔ]
cuckoo	burung kukuk	[buruŋ kukuʔ]
owl	burung hantu	[buruŋ hantu]
eagle owl	burung hantu bertanduk	[buruŋ hantu bertanduʔ]
wood grouse	burung murai kayu	[buruŋ muraj kaju]
black grouse	burung belibis hitam	[buruŋ belibis hitam]
partridge	ayam hutan	[ajam hutan]
starling	burung starling	[buruŋ starliŋ]
canary	burung kenari	[buruŋ kenari]
hazel grouse	ayam hutan hazel	[ajam hutan hazel]
chaffinch	burung chaffinch	[buruŋ tʃaffintʃ]
bullfinch	burung bullfinch	[buruŋ bullfintʃ]
seagull	burung camar	[buruŋ tʃamar]
albatross	albatros	[albatros]
penguin	penguin	[peŋuin]

139. Fish. Marine animals

bream	ikan bream	[ikan bream]
carp	ikan karper	[ikan karper]
perch	ikan tilapia	[ikan tilapia]
catfish	lais junggang	[lajs dʒjuŋgaŋ]
pike	ikan pike	[ikan paik]
salmon	salmon	[salmon]
sturgeon	ikan sturgeon	[ikan sturdʒjen]
herring	ikan haring	[ikan hariŋ]
Atlantic salmon	ikan salem	[ikan salem]
mackerel	ikan kembung	[ikan kembuŋ]
flatfish	ikan sebelah	[ikan sebelah]
zander, pike perch	ikan seligi tenggeran	[ikan seligi teŋgeran]
cod	ikan kod	[ikan kod]
tuna	tuna	[tuna]
trout	ikan forel	[ikan forel]
eel	belut	[belut]
electric ray	ikan pari listrik	[ikan pari listriʔ]
moray eel	belut moray	[belut morey]
piranha	ikan piranha	[ikan piranha]
shark	ikan hiu	[ikan hiu]
dolphin	lumba-lumba	[lumba-lumba]
whale	ikan paus	[ikan paus]
crab	kepiting	[kepitiŋ]
jellyfish	ubur-ubur	[ubur-ubur]
octopus	gurita	[gurita]
starfish	bintang laut	[bintaŋ laut]
sea urchin	landak laut	[landaʔ laut]
seahorse	kuda laut	[kuda laut]
oyster	tiram	[tiram]
prawn	udang	[udaŋ]
lobster	udang karang	[udaŋ karaŋ]
spiny lobster	lobster berduri	[lobster berduri]

140. Amphibians. Reptiles

snake	ular	[ular]
venomous (snake)	berbisa	[berbisa]
viper	ular viper	[ular viper]
cobra	kobra	[kobra]
python	ular sanca	[ular santʃa]
boa	ular boa	[ular boa]
grass snake	ular tanah	[ular tanah]

rattle snake	ular derik	[ular deriʔ]
anaconda	ular anakonda	[ular anakonda]
lizard	kadal	[kadal]
iguana	iguana	[iguana]
monitor lizard	biawak	[biawaʔ]
salamander	salamander	[salamander]
chameleon	bunglon	[buŋlon]
scorpion	kalajengking	[kaladʒʲeŋkiŋ]
turtle	kura-kura	[kura-kura]
frog	katak	[kataʔ]
toad	kodok	[kodoʔ]
crocodile	buaya	[buaja]

141. Insects

insect	serangga	[seraŋga]
butterfly	kupu-kupu	[kupu-kupu]
ant	semut	[semut]
fly	lalat	[lalat]
mosquito	nyamuk	[njamuʔ]
beetle	kumbang	[kumbaŋ]
wasp	tawon	[tawon]
bee	lebah	[lebah]
bumblebee	kumbang	[kumbaŋ]
gadfly (botfly)	lalat kerbau	[lalat kerbau]
spider	laba-laba	[laba-laba]
spider's web	sarang laba-laba	[saraŋ laba-laba]
dragonfly	capung	[tʃapuŋ]
grasshopper	belalang	[belalaŋ]
moth (night butterfly)	ngengat	[ŋeŋɑt]
cockroach	kecoa	[ketʃoa]
tick	kutu	[kutu]
flea	kutu loncat	[kutu lontʃat]
midge	agas	[agas]
locust	belalang	[belalaŋ]
snail	siput	[siput]
cricket	jangkrik	[dʒʲaŋkriʔ]
firefly	kunang-kunang	[kunaŋ-kunaŋ]
ladybird	kumbang koksi	[kumbaŋ koksi]
cockchafer	kumbang Cockchafer	[kumbaŋ kokʃafer]
leech	lintah	[lintah]
caterpillar	ulat	[ulat]
earthworm	cacing	[tʃatʃiŋ]
larva	larva	[larva]

Flora

142. Trees

tree	pohon	[pohon]
deciduous (adj)	daun luruh	[daun luruh]
coniferous (adj)	pohon jarum	[pohon dʒ¦arum]
evergreen (adj)	selalu hijau	[selalu hidʒ¦au]
apple tree	pohon apel	[pohon apel]
pear tree	pohon pir	[pohon pir]
sweet cherry tree	pohon ceri manis	[pohon tʃeri manis]
sour cherry tree	pohon ceri asam	[pohon tʃeri asam]
plum tree	pohon plum	[pohon plum]
birch	pohon berk	[pohon bərʔ]
oak	pohon eik	[pohon eiʔ]
linden tree	pohon linden	[pohon linden]
aspen	pohon aspen	[pohon aspen]
maple	pohon mapel	[pohon mapel]
spruce	pohon den	[pohon den]
pine	pohon pinus	[pohon pinus]
larch	pohon larch	[pohon lartʃ]
fir tree	pohon fir	[pohon fir]
cedar	pohon aras	[pohon aras]
poplar	pohon poplar	[pohon poplar]
rowan	pohon rowan	[pohon rowan]
willow	pohon dedalu	[pohon dedalu]
alder	pohon alder	[pohon alder]
beech	pohon nothofagus	[pohon notofagus]
elm	pohon elm	[pohon elm]
ash (tree)	pohon abu	[pohon abu]
chestnut	kastanye	[kastanje]
magnolia	magnolia	[magnolia]
palm tree	palem	[palem]
cypress	pokok cipres	[pokoʔ sipres]
mangrove	bakau	[bakau]
baobab	baobab	[baobab]
eucalyptus	kayu putih	[kaju putih]
sequoia	sequoia	[sekuoia]

143. Shrubs

bush	rumpun	[rumpun]
shrub	semak	[semaʔ]

grapevine	pohon anggur	[pohon aŋgur]
vineyard	kebun anggur	[kebun aŋgur]
raspberry bush	pohon frambus	[pohon frambus]
blackcurrant bush	pohon blackcurrant	[pohon bleʔkaren]
redcurrant bush	pohon redcurrant	[pohon redkaren]
gooseberry bush	pohon arbei hijau	[pohon arbei hidʒʲau]
acacia	pohon akasia	[pohon akasia]
barberry	pohon barberis	[pohon barberis]
jasmine	melati	[melati]
juniper	pohon juniper	[pohon dʒʲuniper]
rosebush	pohon mawar	[pohon mawar]
dog rose	pohon mawar liar	[pohon mawar liar]

144. Fruits. Berries

fruit	buah	[buah]
fruits	buah-buahan	[buah-buahan]
apple	apel	[apel]
pear	pir	[pir]
plum	plum	[plum]
strawberry (garden ~)	stroberi	[stroberi]
sour cherry	buah ceri asam	[buah tʃeri asam]
sweet cherry	buah ceri manis	[buah tʃeri manis]
grape	buah anggur	[buah aŋgur]
raspberry	buah frambus	[buah frambus]
blackcurrant	blackcurrant	[bleʔkaren]
redcurrant	redcurrant	[redkaren]
gooseberry	buah arbei hijau	[buah arbei hidʒʲau]
cranberry	buah kranberi	[buah kranberi]
orange	jeruk manis	[dʒʲeruʔ manis]
tangerine	jeruk mandarin	[dʒʲeruʔ mandarin]
pineapple	nanas	[nanas]
banana	pisang	[pisaŋ]
date	buah kurma	[buah kurma]
lemon	jeruk sitrun	[dʒʲeruʔ sitrun]
apricot	aprikot	[aprikot]
peach	persik	[persiʔ]
kiwi	kiwi	[kiwi]
grapefruit	jeruk Bali	[dʒʲeruʔ bali]
berry	buah beri	[buah beri]
berries	buah-buah beri	[buah-buah beri]
cowberry	buah cowberry	[buah kowberi]
wild strawberry	stroberi liar	[stroberi liar]
bilberry	buah bilberi	[buah bilberi]

145. Flowers. Plants

flower	bunga	[buŋa]
bouquet (of flowers)	buket	[buket]
rose (flower)	mawar	[mawar]
tulip	tulip	[tulip]
carnation	bunga anyelir	[buŋa anjelir]
gladiolus	bunga gladiol	[buŋa gladiol]
cornflower	cornflower	[kornflawa]
harebell	bunga lonceng biru	[buŋa lontʃeŋ biru]
dandelion	dandelion	[dandelion]
camomile	bunga margrit	[buŋa margrit]
aloe	lidah buaya	[lidah buaja]
cactus	kaktus	[kaktus]
rubber plant, ficus	pohon ara	[pohon ara]
lily	bunga lili	[buŋa lili]
geranium	geranium	[geranium]
hyacinth	bunga bakung lembayung	[buŋa bakuŋ lembajuŋ]
mimosa	putri malu	[putri malu]
narcissus	bunga narsis	[buŋa narsis]
nasturtium	bunga nasturtium	[buŋa nasturtium]
orchid	anggrek	[aŋgreʔ]
peony	bunga peoni	[buŋa peoni]
violet	bunga violet	[buŋa violet]
pansy	bunga pansy	[buŋa pansi]
forget-me-not	bunga jangan-lupakan-daku	[buŋa dʒʲaŋan-lupakan-daku]
daisy	bunga desi	[buŋa desi]
poppy	bunga madat	[buŋa madat]
hemp	rami	[rami]
mint	mint	[min]
lily of the valley	lili lembah	[lili lembah]
snowdrop	bunga tetesan salju	[buŋa tetesan saldʒʲu]
nettle	jelatang	[dʒʲelataŋ]
sorrel	daun sorrel	[daun sorrel]
water lily	lili air	[lili air]
fern	pakis	[pakis]
lichen	lichen	[litʃen]
greenhouse (tropical ~)	rumah kaca	[rumah katʃa]
lawn	halaman berumput	[halaman bərumput]
flowerbed	bedeng bunga	[bedeŋ buŋa]
plant	tumbuhan	[tumbuhan]
grass	rumput	[rumput]

blade of grass	sehelai rumput	[sehelaj rumput]
leaf	daun	[daun]
petal	kelopak	[kelopaʔ]
stem	batang	[bataŋ]
tuber	ubi	[ubi]
young plant (shoot)	tunas	[tunas]
thorn	duri	[duri]
to blossom (vi)	berbunga	[bərbuŋa]
to fade, to wither	layu	[laju]
smell (odour)	bau	[bau]
to cut (flowers)	memotong	[memotoŋ]
to pick (a flower)	memetik	[memetiʔ]

146. Cereals, grains

grain	biji-bijian	[bidʒi-bidʒian]
cereal crops	padi-padian	[padi-padian]
ear (of barley, etc.)	bulir	[bulir]
wheat	gandum	[gandum]
rye	gandum hitam	[gandum hitam]
oats	oat	[oat]
millet	jawawut	[dʒʲawawut]
barley	jelai	[dʒʲelaj]
maize	jagung	[dʒʲaguŋ]
rice	beras	[beras]
buckwheat	buckwheat	[bakvit]
pea plant	kacang polong	[katʃaŋ poloŋ]
kidney bean	kacang buncis	[katʃaŋ buntʃis]
soya	kacang kedelai	[katʃaŋ kedelaj]
lentil	kacang lentil	[katʃaŋ lentil]
beans (pulse crops)	kacang-kacangan	[katʃaŋ-katʃaŋan]

COUNTRIES. NATIONALITIES

147. Western Europe

Europe	**Eropa**	[eropa]
European Union	**Uni Eropa**	[uni eropa]
Austria	**Austria**	[austria]
Great Britain	**Britania Raya**	[britania raja]
England	**Inggris**	[iŋgris]
Belgium	**Belgia**	[belgia]
Germany	**Jerman**	[dʒʲerman]
Netherlands	**Belanda**	[belanda]
Holland	**Belanda**	[belanda]
Greece	**Yunani**	[yunani]
Denmark	**Denmark**	[denmarʔ]
Ireland	**Irlandia**	[irlandia]
Iceland	**Islandia**	[islandia]
Spain	**Spanyol**	[spanjol]
Italy	**Italia**	[italia]
Cyprus	**Siprus**	[siprus]
Malta	**Malta**	[malta]
Norway	**Norwegia**	[norwegia]
Portugal	**Portugal**	[portugal]
Finland	**Finlandia**	[finlandia]
France	**Prancis**	[prantʃis]
Sweden	**Swedia**	[swedia]
Switzerland	**Swiss**	[swiss]
Scotland	**Skotlandia**	[skotlandia]
Vatican	**Vatikan**	[vatikan]
Liechtenstein	**Liechtenstein**	[lajhtensteyn]
Luxembourg	**Luksemburg**	[luksemburg]
Monaco	**Monako**	[monako]

148. Central and Eastern Europe

Albania	**Albania**	[albania]
Bulgaria	**Bulgaria**	[bulgaria]
Hungary	**Hongaria**	[hoŋaria]
Latvia	**Latvia**	[latvia]
Lithuania	**Lituania**	[lituania]
Poland	**Polandia**	[polandia]

Romania	Romania	[romania]
Serbia	Serbia	[serbia]
Slovakia	Slowakia	[slowakia]

Croatia	Kroasia	[kroasia]
Czech Republic	Republik Ceko	[republiʔ tʃeko]
Estonia	Estonia	[estonia]

Bosnia and Herzegovina	Bosnia-Hercegovina	[bosnia-hersegovina]
Macedonia (Republic of ~)	Makedonia	[makedonia]
Slovenia	Slovenia	[slovenia]
Montenegro	Montenegro	[montenegro]

149. Former USSR countries

| Azerbaijan | Azerbaijan | [azerbajdʒʲan] |
| Armenia | Armenia | [armenia] |

Belarus	Belarusia	[belarusia]
Georgia	Georgia	[dʒordʒia]
Kazakhstan	Kazakistan	[kazakstan]
Kirghizia	Kirgizia	[kirgizia]
Moldova, Moldavia	Moldova	[moldova]

| Russia | Rusia | [rusia] |
| Ukraine | Ukraina | [ukrajna] |

Tajikistan	Tajikistan	[tadʒikistan]
Turkmenistan	Turkmenistan	[turkmenistan]
Uzbekistan	Uzbekistan	[uzbekistan]

150. Asia

Asia	Asia	[asia]
Vietnam	Vietnam	[vjetnam]
India	India	[india]
Israel	Israel	[israel]

China	Tiongkok	[tjoŋkoʔ]
Lebanon	Lebanon	[lebanon]
Mongolia	Mongolia	[moŋolia]

| Malaysia | Malaysia | [malajsia] |
| Pakistan | Pakistan | [pakistan] |

Saudi Arabia	Arab Saudi	[arab saudi]
Thailand	Thailand	[tajland]
Taiwan	Taiwan	[tajwan]
Turkey	Turki	[turki]
Japan	Jepang	[dʒʲepaŋ]
Afghanistan	Afghanistan	[afganistan]
Bangladesh	Bangladesh	[baŋladeʃ]

Indonesia	**Indonesia**	[indonesia]
Jordan	**Yordania**	[yordania]
Iraq	**Irak**	[iraʔ]
Iran	**Iran**	[iran]
Cambodia	**Kamboja**	[kambodʒʲa]
Kuwait	**Kuwait**	[kuweyt]
Laos	**Laos**	[laos]
Myanmar	**Myanmar**	[myanmar]
Nepal	**Nepal**	[nepal]
United Arab Emirates	**Uni Emirat Arab**	[uni emirat arab]
Syria	**Suriah**	[suriah]
Palestine	**Palestina**	[palestina]
South Korea	**Korea Selatan**	[korea selatan]
North Korea	**Korea Utara**	[korea utara]

151. North America

United States of America	**Amerika Serikat**	[amerika serikat]
Canada	**Kanada**	[kanada]
Mexico	**Meksiko**	[meksiko]

152. Central and South America

Argentina	**Argentina**	[argentina]
Brazil	**Brasil**	[brasil]
Colombia	**Kolombia**	[kolombia]
Cuba	**Kuba**	[kuba]
Chile	**Chili**	[ʧili]
Bolivia	**Bolivia**	[bolivia]
Venezuela	**Venezuela**	[venezuela]
Paraguay	**Paraguay**	[paraguaj]
Peru	**Peru**	[peru]
Suriname	**Suriname**	[suriname]
Uruguay	**Uruguay**	[uruguaj]
Ecuador	**Ekuador**	[ekuador]
The Bahamas	**Kepulauan Bahama**	[kepulauan bahama]
Haiti	**Haiti**	[haiti]
Dominican Republic	**Republik Dominika**	[republiʔ dominika]
Panama	**Panama**	[panama]
Jamaica	**Jamaika**	[dʒʲamajka]

153. Africa

Egypt	**Mesir**	[mesir]
Morocco	**Maroko**	[maroko]

Tunisia	Tunisia	[tunisia]
Ghana	Ghana	[gana]
Zanzibar	Zanzibar	[zanzibar]
Kenya	Kenya	[kenia]
Libya	Libia	[libia]
Madagascar	Madagaskar	[madagaskar]
Namibia	Namibia	[namibia]
Senegal	Senegal	[senegal]
Tanzania	Tanzania	[tanzania]
South Africa	Afrika Selatan	[afrika selatan]

154. Australia. Oceania

Australia	Australia	[australia]
New Zealand	Selandia Baru	[selandia baru]
Tasmania	Tasmania	[tasmania]
French Polynesia	Polinesia Prancis	[polinesia prantʃis]

155. Cities

Amsterdam	Amsterdam	[amsterdam]
Ankara	Ankara	[ankara]
Athens	Athena	[atena]
Baghdad	Bagdad	[bagdad]
Bangkok	Bangkok	[baŋkoʔ]
Barcelona	Barcelona	[bartʃelona]
Beijing	Beijing	[beydʒiŋ]
Beirut	Beirut	[beyrut]
Berlin	Berlin	[berlin]
Mumbai (Bombay)	Mumbai	[mumbaj]
Bonn	Bonn	[bonn]
Bordeaux	Bordeaux	[bordo]
Bratislava	Bratislava	[bratislava]
Brussels	Brussel	[brusel]
Bucharest	Bukares	[bukares]
Budapest	Budapest	[budapest]
Cairo	Kairo	[kajro]
Kolkata (Calcutta)	Kolkata	[kolkata]
Chicago	Chicago	[tʃikago]
Copenhagen	Kopenhagen	[kopenhagen]
Dar-es-Salaam	Darussalam	[darussalam]
Delhi	Delhi	[delhi]
Dubai	Dubai	[dubaj]
Dublin	Dublin	[dublin]
Düsseldorf	Düsseldorf	[dyuseldorf]
Florence	Firenze	[firenze]

Frankfurt	**Frankfurt**	[frankfurt]
Geneva	**Jenewa**	[dʒʲenewa]
The Hague	**Den Hague**	[den hag]
Hamburg	**Hamburg**	[hamburg]
Hanoi	**Hanoi**	[hanoi]
Havana	**Havana**	[havana]
Helsinki	**Helsinki**	[helsinki]
Hiroshima	**Hiroshima**	[hiroʃima]
Hong Kong	**Hong Kong**	[hoŋ koŋ]
Istanbul	**Istambul**	[istambul]
Jerusalem	**Yerusalem**	[erusalem]
Kyiv	**Kiev**	[kiev]
Kuala Lumpur	**Kuala Lumpur**	[kuala lumpur]
Lisbon	**Lisbon**	[lisbon]
London	**London**	[london]
Los Angeles	**Los Angeles**	[los enzheles]
Lyons	**Lyons**	[lion]
Madrid	**Madrid**	[madrid]
Marseille	**Marseille**	[marseille]
Mexico City	**Meksiko**	[meksiko]
Miami	**Miami**	[miami]
Montreal	**Montréal**	[montreal]
Moscow	**Moskow**	[moskow]
Munich	**Munich**	[munitʃ]
Nairobi	**Nairobi**	[najrobi]
Naples	**Napoli**	[napoli]
New York	**New York**	[nju yorʔ]
Nice	**Nice**	[nitʃe]
Oslo	**Oslo**	[oslo]
Ottawa	**Ottawa**	[ottawa]
Paris	**Paris**	[paris]
Prague	**Praha**	[praha]
Rio de Janeiro	**Rio de Janeiro**	[rio de dʒʲaneyro]
Rome	**Roma**	[roma]
Saint Petersburg	**Saint Petersburg**	[sajnt petersburg]
Seoul	**Seoul**	[seoul]
Shanghai	**Shanghai**	[ʃanhaj]
Singapore	**Singapura**	[siŋapura]
Stockholm	**Stockholm**	[stokholm]
Sydney	**Sydney**	[sidni]
Taipei	**Taipei**	[tajpey]
Tokyo	**Tokyo**	[tokio]
Toronto	**Toronto**	[toronto]
Venice	**Venesia**	[venesia]
Vienna	**Wina**	[wina]
Warsaw	**Warsawa**	[warsawa]
Washington	**Washington**	[waʃiŋton]

www.ingramcontent.com/pod-product-compliance
Lightning Source LLC
Chambersburg PA
CBHW070600050426
42450CB00011B/2915